Sprachniveau

A2+

Anne Buscha ▪ Szilvia Szita

Begegnungen

Deutsch als Fremdsprache

Integriertes Kurs- und Arbeitsbuch

Sprachniveau A2+

Teilband 1

Mit Zeichnungen von Jean-Marc Deltorn

SCHUBERT Verlag

Das vorliegende Lehrwerk beinhaltet Hörtexte.

 Hörtext

Die Hörmaterialien stehen in unserer App **SCHUBERT-Audio**
und auf unserer Website unter **schubert-verlag.de/medien**
zum Download zur Verfügung.

 Dieses Buch wurde hergestellt mit 100 % Ökostrom aus
ökologischer Erzeugung, welcher durch den TÜV Nord
und das ok-Power-Label zertifiziert ist.

Es ist gedruckt auf zertifiziertem Papier aus nachhaltigen und
verantwortungsvollen Quellen.

Redaktion: Albrecht Klemm
Layout und Satz: Regina Lang, Diana Liebers
Zeichnungen: Jean-Marc Deltorn

Die Hörtexte wurden gesprochen von:
Patrick Becker, Burkhard Behnke, Claudia Gräf,
Caroline Hassert, Beatrix Hermens, Philipp Oehme,
Susanne Prager, Axel Thielmann

© SCHUBERT-Verlag, Leipzig
  1. Auflage 2021
  Alle Rechte vorbehalten
  Printed in Germany
  ISBN: 978-3-96915-009-2

Wachsmuthstr. 10a
D-04229 Leipzig
produkt@schubert-verlag.de

Inhaltsverzeichnis

Kursübersicht

Vorwort

Begegnungen A2⁺ ist ein modernes und kommunikatives Lehrwerk für den Anfängerunterricht. Es richtet sich an erwachsene Lerner, die auf schnelle und effektive Weise Deutsch lernen möchten. Das Lehrbuch berücksichtigt die sprachlichen, inhaltlichen und intellektuellen Anforderungen erwachsener Lerner.

Begegnungen A2⁺ bietet:

- **einen klar strukturierten Aufbau**
  Die Kapitel des Buches sind in jeweils vier Teile gegliedert:

  Teil A: Themen und Aufgaben *(obligatorischer Teil)*
  Dieser Teil umfasst Lese- und Hörtexte, Dialogübungen, Wortschatztraining, Grammatik- und Phonetikübungen zu einem Thema. Hier werden grundlegende Fertigkeiten einführend behandelt und trainiert.

  Teil B: Wissenswertes *(fakultativer Teil)*
  Im Teil B finden Sie landeskundliche Texte, Grafiken und Quizaufgaben als Sprechanlässe, die auf interessante Weise das Thema erweitern und landeskundliche Einblicke vermitteln. Teil B geht über die Anforderungen des Europäischen Referenzrahmens hinaus, ist aber durchaus bereits auf diesem sprachlichen Niveau zu bewältigen.

  Teil C: Übungen zu Wortschatz und Grammatik
  Dieser Teil ermöglicht mit zahlreichen Übungen die Vertiefung der Wortschatz- und Grammatikkenntnisse. Er enthält auch systematisierende Grammatikübersichten.

  Teil D: Rückblick
  Teil D besteht aus drei Komponenten: Redemittel, Verben und Selbstevaluation. Er dient zur Festigung des Gelernten und zur Motivation weiterzulernen.

- **die Integration von Lehr- und Arbeitsbuch in einem Band**
  Dadurch sind Vermittlung sowie Training und Übung des sprachlichen Materials eng miteinander verflochten. Das ist unkompliziert, praktisch und ermöglicht effektives Lernen.

- **eine anspruchsvolle Progression**
  Mit dem Buch gibt es keine Langeweile. Die Progression ist auf erwachsene Lerner abgestimmt, die erkennbare Lernerfolge erzielen möchten. Ein durchdachtes Wiederholungssystem sorgt für die Nachhaltigkeit der sprachlichen Fortschritte.

Die vorliegende Ausgabe von **Begegnungen A2⁺** besteht aus zwei Teilbänden mit jeweils vier Kapiteln: Teilband 1 – Kapitel 1 bis 4; Teilband 2 – Kapitel 5 bis 8. Jeder Teilband enthält einen Anhang mit den Lösungen zu den Übungen. Teilband 2 beinhaltet außerdem einen Vorbereitungstest auf die Sprachprüfung und eine zusammenfassende Übersicht der behandelten Strukturen. Die Hörtexte stehen kostenfrei in unserer App SCHUBERT-Audio sowie online auf unserer Website zur Verfügung.

Die Reihe **Begegnungen** führt in sechs Teilbänden bzw. in drei Vollbänden zum Niveau B1 des Europäischen Referenzrahmens für Sprachen und bereitet mit einem umfangreichen und anspruchsvollen Aufgabenangebot auf alle Sprachprüfungen vor. Die Lehr- und Arbeitsbücher werden ergänzt durch Lehrerhandbücher, die zahlreiche Arbeitsblätter und Tests zu den einzelnen Kapiteln enthalten, sowie ein Glossar zum Sprachniveau A1. Außerdem werden vielfältige Zusatzmaterialien, wie zweisprachige Redemittellisten, im Internet auf der Seite begegnungen-deutsch.de bereitgestellt. Die Lehrwerke der Reihe sind auch digital als interaktive Ausgaben erhältlich, wozu Sie unter schubert-verlag.de/digital weitere Informationen finden.

Wir wünschen Ihnen viel Freude beim Lernen und Lehren.

Anne Buscha und Szilvia Szita

Ausbildung und Tätigkeiten

Kommunikation

- Sich begrüßen
- Sich und andere vorstellen
- Berufe und Tätigkeiten nennen
- Über die Schulzeit berichten
- Einen tabellarischen Lebenslauf lesen und schreiben
- Den Tagesablauf beschreiben

Wortschatz

- Angaben zur Person
- Berufe
- Tätigkeiten
- Schule
- Ausbildung
- Lebenslauf
- Tagesablauf

Sich vorstellen

A1 **Sich vorstellen**
Fragen Sie Ihre Nachbarin/Ihren Nachbarn und stellen Sie sie/ihn anschließend im Plenum vor.

> Wie heißen Sie?/Wie ist Ihr Name? ▪ Woher kommen Sie? ▪ Wo wohnen Sie? ▪ Welche Sprachen sprechen Sie? ▪ Was sind Sie von Beruf? ▪ Wo arbeiten Sie? ▪ Wo studieren Sie? ▪ Was sind Ihre Hobbys? ▪ Waren Sie schon mal in *(Österreich)*? ▪ Kennen Sie *(Leipzig/einige Leute aus der Gruppe)*? ▪ Können Sie *(kochen)*?

○ Meine Nachbarin/Mein Nachbar heißt …
○ Sie/Er kommt aus …

A2 **Pedro und Martina**
Hören und lesen Sie.

1.02

Hallo. Mein Name ist Pedro Gomez.

Ich bin 33 Jahre alt. Ich komme aus Spanien. Mein Geburtsort ist Barcelona. Ich bin in Barcelona zur Schule gegangen. Danach habe ich in Madrid Biologie studiert.

5 2015 habe ich mein Studium mit dem Masterdiplom abgeschlossen. Nach dem Studium habe ich ein Jahr bei der Firma Santos gearbeitet.

2016 bin ich nach München umgezogen. Ich habe in München eine Stelle beim Europäischen Patentamt bekommen. Dort arbeite
10 ich als Patentprüfer. Ich muss viele Patente lesen und Briefe an Patentanwälte schreiben.

Ich bin verheiratet und wohne mit meiner Frau in einer kleinen Wohnung im Zentrum von München. Die Wohnung ist sehr teuer. In meiner Freizeit spiele ich Fußball oder lese Fachzeitschriften.

Ich heiße Martina Klein.

Ich bin 24 Jahre alt und wohne in Berlin. Ich bin in Berlin geboren und auch hier zur Schule gegangen.

5 Nach der Schule habe ich eine Ausbildung zur Kauffrau für Büromanagement gemacht. Diese Ausbildung habe ich 2018 abgeschlossen. Seit 2018 arbeite ich als Büromanagerin bei KAKO. Ich muss viele E-Mails lesen und schreiben, mit
10 Kunden telefonieren und für verschiedene Kolleginnen und Kollegen Termine vereinbaren.

Ich bin noch ledig und wohne bei meinen Eltern. Die Miete in Berlin ist teuer und ich möchte mein Geld lieber für andere Dinge ausgeben.

15 In meiner Freizeit lese ich gern. Manchmal gehe ich mit meinen Freunden ins Kino.

A3 **Informationen im Text**
Beantworten Sie die Fragen.

- Wie alt ist Pedro?   *Pedro ist 33 Jahre (alt).*
  Wie alt ist Martina?   *Martina ist 24 Jahre (alt).*

1. Wo ist Pedro geboren? ....
   Wo sind Sie geboren? ....

2. Wo ist Martina zur Schule gegangen? ....
   Wo sind Sie zur Schule gegangen? ....

3. Was und wo hat Pedro studiert? ....
   Wann hat er das Studium abgeschlossen? ....

4. Welche Berufsausbildung hat Martina gemacht? ....
   Wann hat sie die Ausbildung abgeschlossen? ....

5. Welche Ausbildung haben Sie gemacht? ....
   Wann haben Sie die Ausbildung/das Studium abgeschlossen? ....

6. Wo arbeitet Pedro? ....
   Wo arbeitet Martina? ....
   Wo arbeiten Sie? ....

7. Was muss Pedro bei der Arbeit machen? ....
   ....

   Was muss Martina bei der Arbeit machen? ....
   ....

   Was müssen Sie bei der Arbeit machen? ....
   ....

8. Wo wohnt Pedro? ....
   Wo wohnt Martina? ....
   Wo wohnen Sie? ....

9. Ist Martina verheiratet? ....
   Ist Pedro verheiratet? ....

10. Was macht Pedro in seiner Freizeit? ....
    Was macht Martina in ihrer Freizeit? ....
    Was machen Sie in Ihrer Freizeit? ....

A4 **Wortschatz**
Was passt zusammen? Kombinieren Sie. Manchmal gibt es mehrere Lösungen.

- E-Mails
(1) ein Studium
(2) eine Ausbildung
(3) zur Schule
(4) Fachzeitschriften
(5) Fußball
(6) mit Kunden
(7) Biologie
(8) Termine
(9) bei den Eltern

(a) gehen
(b) lesen
(c) studieren
(d) abschließen
(e) telefonieren
(f) machen
(g) vereinbaren
(h) spielen
(i) wohnen
(j) schreiben

Berufe und Tätigkeiten

 A5 **Berufe**
Ordnen Sie den Zeichnungen die passenden Berufe zu.

> Schauspieler und Schauspielerin ▪ Informatiker ▪ Kauffrau für Büromanagement ▪ Lehrerin ▪ Fußballspieler ▪ Student ▪ Kellner ▪ Arzt ▪ Marketingmanagerin

1 .... 2 .... 3 ....

4 .... 5 .... 6 ....

7 .... 8 .... 9 ....

 A6 **Berufliche Tätigkeiten**
a) Hören und lesen Sie.

 1.03

> ~~eine Rolle im Film oder im Theater spielen~~ ▪ Kinder unterrichten ▪ Gäste bedienen ▪ ein Tor schießen ▪ Marketingstrategien entwickeln ▪ viel lernen ▪ Bücher lesen ▪ Termine vereinbaren ▪ E-Mails beantworten ▪ mit Kunden telefonieren ▪ Gespräche mit Patienten führen ▪ Computerprobleme lösen ▪ kranken Menschen helfen ▪ viele Besprechungen haben ▪ Ideen präsentieren

b) Ordnen Sie den Berufen passende Tätigkeiten zu.

▪ Eine Schauspielerin *spielt im Film oder im Theater eine Rolle.*

1. Eine Büromanagerin ....

2. Ein Informatiker ....

3. Ein Arzt ....

4. Eine Lehrerin ....

5. Ein Kellner ....

6. Ein Fußballspieler ....

7. Eine Marketingmanagerin ....

8. Ein Student ....

A7 **Berufe mit hohem Ansehen in Österreich**

a) Welche Berufe haben ein hohes Ansehen? Welchen Berufsgruppen vertrauen die Menschen in Österreich? Diskutieren Sie mit Ihrer Nachbarin/Ihrem Nachbarn und ergänzen Sie Platz eins bis sechs.

> Krankenpfleger/Krankenschwester ▪ Richter/in ▪ Polizist/in ▪ Arzt/Ärztin ▪ Lehrer/in ▪ Handwerker/in ▪ Künstler/in ▪ Topmanager/in ▪ Politiker/in ▪ Pilot/in ▪ Ingenieur/in ▪ Apotheker/in ▪ Feuerwehrmann/-frau ▪ Bus-/Bahnfahrer/in

Ich denke/glaube, *(der Pilot/die Pilotin)* liegt auf Platz eins.
(Piloten) sind *(für den Alltag des Menschen)* wichtig/haben viel Verantwortung.
Danach kommt vielleicht …

1. ....
2. ....
3. ....
4. ....
5. ....
6. ....

7. *Richter/in*   8. *Polizist/in*

b) Welche Berufe sind in Ihrem Heimatland besonders beliebt und haben hohes Ansehen? Berichten Sie.

Über Vergangenes berichten

A8 **Interview**

Fragen Sie Ihre Nachbarin/Ihren Nachbarn und berichten Sie im Perfekt. Was haben Sie gestern/in der letzten Woche alles gemacht?

> **arbeiten** ▪ E-Mails schreiben und beantworten ▪ *(mit Freunden/Kunden)* telefonieren ▪ Termine vereinbaren ▪ *(mit Kollegen/Kommilitonen/Lehrern)* Gespräche führen ▪ mit dem Auto fahren ▪ im Stau stehen ▪ einen Kurs/eine Vorlesung/ein Seminar besuchen ▪ ein Problem lösen ▪ Bücher/Zeitungen lesen ▪ eine Idee/ein Projekt präsentieren ▪ Musik hören ▪ einen Film sehen ▪ fernsehen ▪ lecker essen ▪ *(zwei Bier)* trinken ▪ Essen kochen ▪ im Internet surfen ▪ Freunde besuchen ▪ Fußball spielen ▪ …

○ Meine Nachbarin/Mein Nachbar hat gestern gearbeitet.

Das Perfekt *(Wiederholung)*   ⇨ Teil C Seite 27

Das Perfekt besteht aus zwei Teilen:	**1 Hilfsverb**	**2 Partizip II**
Was haben Sie gestern gemacht?	Ich bin mit dem Auto	gefahren.
	Ich habe das Problem	gelöst.

Perfekt mit	*sein*	**oder**	*haben*	
Bildung:	ich bin gefahren		ich habe getrunken	ich habe gefrühstückt
	ich bin aufgestanden		ich habe gearbeitet	ich habe geschrieben
	besondere Verben:			
	sein: ich bin gewesen			
	bleiben: ich bin geblieben			
Verwendung:	Wechsel von Ort oder Zustand		alle anderen Verben	

Das Partizip II *(Wiederholung)*

	Verben ohne Präfix		Verben mit Präfix	
			trennbare Verben	nicht trennbare Verben
regelmäßige Verben	fragen → gefragt arbeiten → gearbeitet		einkaufen → eingekauft anrufen → angerufen	besuchen → besucht
unregelmäßige Verben	trinken → getrunken sprechen → gesprochen		anrufen → angerufen	beginnen → begonnen
Verben auf *-ieren*	studieren → studiert kopieren → kopiert			

A9 **Dialoge**
Bilden Sie Fragen und antworten Sie.

Haben/Sind Sie schon einmal ...? ⟶ *Ja, ich habe/bin schon einmal/oft ...*
Hast/Bist du schon einmal ...? *Nein, ich habe/bin noch nie ...*

■ ein Drei-Gänge-Menü kochen
Haben Sie schon einmal ein Drei-Gänge-Menü gekocht?
⟹ *Ja, ich ...*

1. ein Brot backen
....?
⟹ ....

2. nach New York fliegen
....?
⟹ ....

3. mit dem Motorrad fahren
....?
⟹ ....

4. ein neues Projekt präsentieren
....?
⟹ ....

5. ein Gedicht schreiben
....?
⟹ ....

6. an der Nordsee Urlaub machen
....?
⟹ ....

7. ein Buch auf Deutsch lesen
....?
⟹ ....

8. um 4.00 Uhr aufstehen
....?
⟹ ....

9. eine Currywurst essen
....?
⟹ ....

10. eine E-Mail an die falsche Adresse senden
....?
⟹ ....

11. in einem teuren Geschäft einkaufen
....?
⟹ ....

12. eine Medaille gewinnen
....?
⟹ ....

Schule und Ausbildung

A10 **Schulzeit**
Berichten Sie über Ihre Schulzeit.

| 1 Musik | 2 Mathematik | 3 Physik | 4 Chemie | 5 Sport |
| 6 Kunst | 7 Englisch | 8 Geschichte | 9 Biologie | 10 Geografie |

- Wann sind Sie aufgestanden?
- Wann hat der Unterricht angefangen?
- Wann hat der Unterricht aufgehört?
- Was waren Ihre Lieblingsfächer?
- In welchen Fächern hatten Sie gute Noten?
- Welche Lehrerin/Welcher Lehrer hat guten Unterricht gegeben?
- Haben Sie immer Hausaufgaben gemacht?
- Hatten Sie Angst vor Prüfungen?

| (um) 8.00 Uhr | um acht |
| (um) 8.30 Uhr | um acht Uhr dreißig |

Die Notenskala geht in Deutschland von 1 bis 6.
1 = sehr gut

Vergangenheit bei *haben* und *sein*:
oft: *hatten* bzw. *waren* (Präteritum)
selten: *haben gehabt* bzw. *sind gewesen* (Perfekt)

A11 **Berichte über die Schulzeit**
a) Hören Sie die Berichte und ergänzen Sie die Informationen.

1.04

Matthias

1. Matthias war ein .... Schüler.
2. Sein Lieblingsfach war ....
3. Er war Mitglied in einem ....verein.
4. Matthias hatte Probleme in Mathematik und in ....
5. Er hat sich mehr für Fußball ....
6. Die Schule hat .... begonnen.
7. Mit 15 haben ihm Chemie und Physik .... gemacht.

Susanne

1. Susanne war eine gute ....
2. .... spielten für Susanne eine wichtige Rolle.
3. Eine sehr gute Note hatte sie in ....
4. Sie .... heute als Journalistin.
5. In den Fächern Mathematik und Physik hat sie manchmal keine .... gemacht.
6. Die Schule hat .... angefangen und um 13.00 Uhr aufgehört.
7. Nach der Schulzeit hat sie mittwochs und .... Tennis gespielt.

b) Lesen Sie den Bericht von Gustav und ergänzen Sie die passenden Nomen.

Schüler ▪ Probleme ▪ Mannschaft ▪ **Schulzeit** ▪ Spaß ▪ Mädchen ▪ Volleyball ▪ Lieblingsfächer

Ich erinnere mich gern an meine Schulzeit.
Ich war ein guter ....

Meine .... waren Sport,
Mathematik und Physik. In Sport hatte ich
immer eine Eins. Nach der Schule habe ich oft
.... gespielt. Ich war in der Jugend-
mannschaft von „Lokomotive Dresden". Unsere
.... hat sogar einmal die Landes-
meisterschaften gewonnen.

Damals hat die Schule morgens um halb acht
begonnen. Das war sehr früh! Für die .... habe ich
mich natürlich auch interessiert, aber erst später, mit 16 oder
17 Jahren.

Deutsch, das weiß ich noch ganz genau, hat mir keinen
.... gemacht. Ich hatte immer .... mit der
Grammatik und der Rechtschreibung.

Heute bin ich Sportlehrer. Die deutsche Grammatik mag ich
immer noch nicht. Aber ich mag meine Schüler.

– Gustav –

A12 **Das Schulsystem in Deutschland**
Betrachten Sie die Grafik und lesen Sie die Wörter laut.

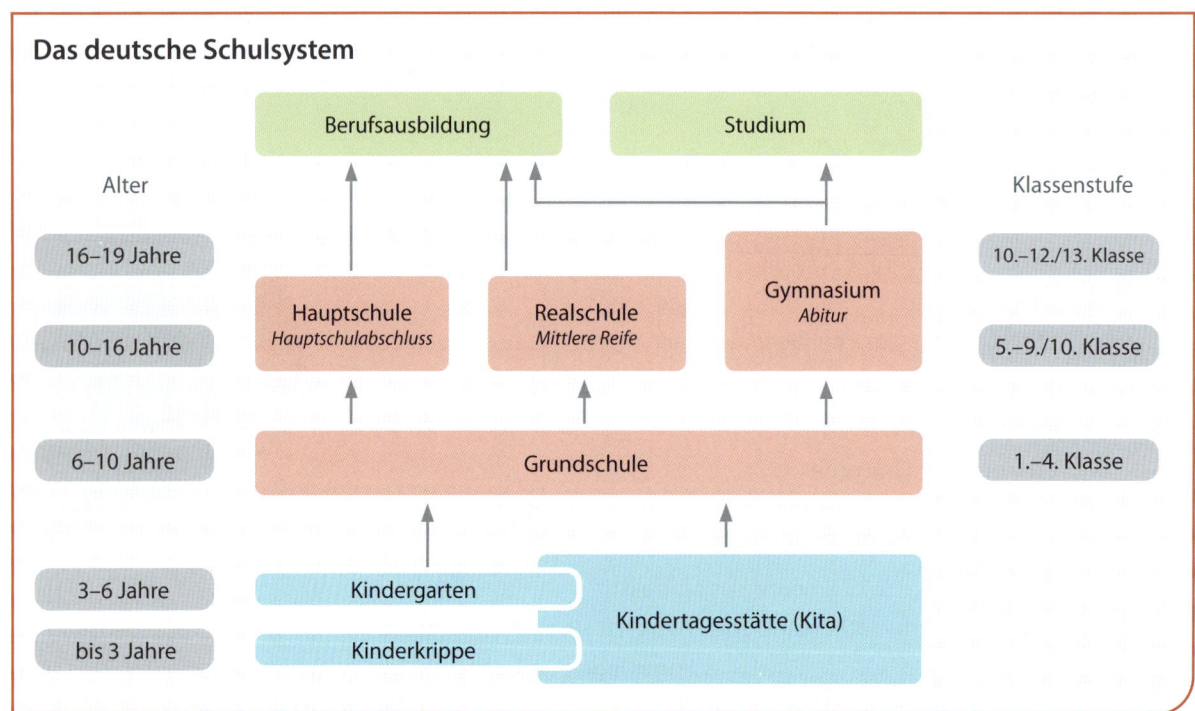

A13 Informationen aus der Grafik
Lesen Sie den Text zur Grafik und ergänzen Sie die fehlenden Wörter.

Die Schulpolitik in Deutschland bestimmen die einzelnen Bundesländer, das heißt, es kann zum Beispiel zwischen Bayern, Sachsen und Hessen einige Unterschiede geben. Im Allgemeinen gilt: Kinder im Alter bis drei Jahre können eine

> In Deutschland hat eine Unterrichtsstunde 45 Minuten.
> In Österreich heißt der Abschluss im Gymnasium „Matura", in der Schweiz „Matur".

...................................(1) und von drei bis sechs Jahren

einen ....(2) besuchen. Die Schulpflicht beginnt mit sechs Jahren. Zuerst gehen die

Kinder vier Jahre auf eine ....(3), danach besuchen sie die Hauptschule, die Realschule

oder das ....(4). Bei dieser Auswahl spielen die Wünsche der Kinder und der Eltern, aber

auch die Noten eine Rolle.

Das Gymnasium dauert in einigen Bundesländern acht Jahre, in anderen neun Jahre. Mit dem Abitur kann man

ein ....(5) an einer Universität beginnen. Die Realschule dauert sechs Jahre. Man schließt

sie mit der „...................................(6) Reife" ab. Danach kann man einen Beruf erlernen. Auch die meisten

Schüler mit einem Hauptschulabschluss fangen nach der Schule mit einer ....(7) an.

A14 Das Schulsystem in Ihrem Heimatland
Beantworten Sie die Fragen.

- Mit wie viel Jahren müssen Kinder in die Schule gehen?
- Gibt es verschiedene Schulen?
- Wie lange dauert die Schulzeit?
- Gibt es Tests oder Prüfungen?
- Welche Noten kann man bekommen?

     Noten = Zensuren

○ In meinem Heimatland müssen Kinder mit … Jahren in die Schule gehen.

A15 Wortschatz Schule
Ergänzen Sie die fehlenden Nomen.

> Abitur ▪ Fußball ▪ Grundschule ▪ das Rechnen ▪ **Schulzeit** ▪ Schüler ▪ Universität ▪ Noten ▪ Hausaufgaben ▪
> Fächer ▪ Gymnasium ▪ Mathematiklehrerin ▪ Schule

■ Ich erinnere mich nicht gern an meine *Schulzeit*.

1. Ich war ein schlechter ....

2. .... wie Chemie und Physik haben mir viel

    Spaß gemacht.

3. Ich habe die .... in Frankfurt besucht.

    Dort habe ich das Schreiben und .... gelernt.

4. Die .... hat um 8.00 Uhr begonnen.

5. Danach bin ich auf das .... gegangen.

6. Ich hatte eine nette ....

7. In Englisch hatte ich sehr gute ....

8. In manchen Fächern habe ich keine .... gemacht.

9. Am Nachmittag habe ich oft .... gespielt.

10. Das Gymnasium habe ich mit dem ....

    abgeschlossen.

11. Danach habe ich an der .... studiert.

Lebensläufe

A16 **Der Lebenslauf von Sandra Weber**

a) Hören Sie den Bericht von Sandra und ergänzen Sie im Lebenslauf die fehlenden Informationen.

1.05

LEBENSLAUF

Persönliche Daten

Name	Sandra Weber
Geburtsdatum	14. Mai ....(1)
Geburtsort	...................................(2)
Familienstand	ledig

Schulausbildung

2000 – 2004	Grundschule
2004 – ....(3)	Gymnasium
...............(4)	Abitur

Berufsausbildung/Studium

2012 – 2013	Studium der ....(5) an der Universität Köln
2013 – 2016	Studium im Fach Umwelttechnik an der Hochschule ....(6)
2015	Auslandssemester in ....(7)
2016	Bachelor-Abschluss als ....(8) für Umwelttechnik

Berufliche Tätigkeit

2016	...............................(9) bei der Stadtverwaltung in Bremen
ab 2017	...............................(10) im Bereich Umweltschutz bei der Stadt Bremen

---

b) Ergänzen Sie die passenden Verben und berichten Sie über Sandra.

> begonnen ▪ bekommen ▪ gefallen ▪ **gegangen** ▪ besucht ▪ studiert ▪ absolviert ▪ abgeschlossen ▪ verbessert ▪ gemacht

■ Sandra ist mit drei Jahren in den Kindergarten und ab 2000 in die Grundschule *gegangen*.

1. Sie hat von 2004 bis 2012 das Gymnasium ....

2. Die Schule hat Sandra mit dem Abitur ....

3. 2012 hat sie an der Universität Köln ein Studium im Fach Geschichte ....

4. Aber das Studium hat ihr nicht ....

5. Von 2013 bis 2016 hat sie an der Hochschule Bremen Umwelttechnik ....

6. Bei einem Auslandssemester in Manchester hat sie ihr Englisch stark ....

7. Im Sommer 2016 hat Sandra ihren Bachelor-Abschluss als Ingenieurin für Umwelttechnik
....

8. Nach dem Studium hat sie ein Praktikum bei der Stadtverwaltung in Bremen ....

9. Im Januar 2017 hat sie eine Stelle als Mitarbeiterin im Bereich Umweltschutz bei der Stadt Bremen
....

 Der Lebenslauf von Peter Meier
a) Lesen Sie den Lebenslauf von Peter.

LEBENSLAUF	Peter Meier

PERSÖNLICHE DATEN

Geburtsdatum	2. Juni 1990
Geburtsort	Leipzig
Adresse	Funkenburgstraße 11 04105 Leipzig
Telefon	0341-3542786
Familienstand	verheiratet

BERUFLICHE TÄTIGKEIT

seit 2016	Marketingmanager bei KODAX, Leipzig
2013 – 2015	Siemens, Mitarbeiter in der Abteilung Strategie und Kontrolle, München
Mai – August 2012	Praktikum bei der Deutschen Bank, Leipzig

AUSBILDUNG

2013	Master of Science (Note 2,5), Handelshochschule Leipzig
2011 – 2013	Masterstudium Volkswirtschaftslehre (VWL), Schwerpunkt: Finanzökonomie und globaler Markt
2011	Bachelor of Science (Note 1,9), Universität Leipzig
2008 – 2011	Bachelorstudium Volkswirtschaftslehre (VWL), Schwerpunkt: Finanzökonomie
2008	Abitur (Note 2,3)

KENNTNISSE UND FÄHIGKEITEN

Fremdsprachen	Englisch (sehr gut, Niveau C1), Französisch (gut, Niveau B2)
PC-Kenntnisse	Microsoft Office (sehr gut)

b) Was haben Sie über Peter erfahren? Bilden Sie Sätze und berichten Sie. Achten Sie auf die Zeitform.

■ Peter – im Jahr 2008 – die Schule – mit dem Abitur – beenden *(Perfekt)*
Peter hat im Jahr 2008 die Schule mit dem Abitur beendet.

1. von 2008 bis 2011 – er – Volkswirtschaftslehre (VWL) – an der Universität Leipzig – studieren *(Perfekt)*.

2. sein Schwerpunkt – Finanzökonomie – sein *(Präteritum)*

3. danach – er – von 2011 bis 2013 – ein Masterstudium – an der Handelshochschule Leipzig absolvieren *(Perfekt)*

4. im Sommer 2012 – Peter – ein Praktikum – bei der Deutschen Bank – in Leipzig – machen und Arbeitserfahrungen sammeln *(Perfekt)*

5. 2013 – er – sein Studium – mit dem Master of Science – abschließen *(Perfekt)*

6. von 2013 bis 2015 – er – als Mitarbeiter in der Abteilung Strategie und Kontrolle – bei Siemens – in München – arbeiten *(Perfekt)*

7. seit 2016 – Peter – Marketingmanager – bei KODAX – in Leipzig – sein *(Präsens)*

8. er – sehr gut Englisch und gut Französisch – sprechen *(Präsens)*

9. er – Microsoft Office – beherrschen *(Präsens)*

A18 Wortschatz Ausbildung

Was passt zusammen? Ordnen Sie zu. Manchmal gibt es zwei mögliche Verben.

(1) die Schule	(a) studieren
(2) ein Computerprogramm	(b) arbeiten
(3) Erfahrungen	(c) besuchen
(4) an einer Universität	(d) machen
(5) eine Fremdsprache	(e) absolvieren
(6) gute Noten	(f) bekommen
(7) ein Praktikum	(g) beherrschen
(8) ein Masterstudium	(h) lernen
(9) als Marketingmanager	(i) sammeln

A19 Ihr Lebenslauf

Schreiben Sie Ihren Lebenslauf in tabellarischer Form und berichten Sie kurz mündlich über Ihre berufliche Tätigkeit, Ausbildung und Kenntnisse. Orientieren Sie sich am Lebenslauf in A17.

A20 Was haben die Personen gestern gemacht?

Lesen Sie die Sätze und den Hinweis.

Manche Verben stehen mit einem Reflexivpronomen.

Das Reflexivpronomen zeigt: Die Handlung bezieht sich auf das Subjekt.

Reflexivpronomen

Knut hat **sich** geduscht.

Ich habe **mich** am Samstag mit Freunden getroffen.

Du erinnerst **dich** gern an deine Schulzeit.

Reflexive Verben   ⇨ Teil C Seite 29

Das Verb regiert im Satz.

Ich	treffe	mich	mit Freunden.		Knut	duscht	sich.
NOMINATIV		AKKUSATIV			NOMINATIV		AKKUSATIV

Konjugation	ich	erinnere	mich	wir	erinnern	uns
	du	erinnerst	dich	ihr	erinnert	euch
	er/sie/es	erinnert	sich	sie/Sie	erinnern	sich

Satzbau Aussagesätze

Ich habe mich am Samstag mit Freunden getroffen.
Luise hat sich am Samstag mit Freunden getroffen.

→ In Aussagesätzen steht das Reflexivpronomen hinter dem konjugierten Verb.

Satzbau Fragesätze

Hast du dich am Samstag mit Freunden getroffen?
→ Das Subjekt ist ein Pronomen.

Hat sich Luise/Hat Luise sich am Samstag mit Freunden getroffen?
→ Das Subjekt ist ein Nomen (z. B. ein Name).

A21 **Was tun die Leute?**

a) Ergänzen Sie die passenden Verben.

> vorbereiten ▪ ärgern ▪ begrüßen ▪ unterhalten ▪ **schminken** ▪ rasieren ▪ anziehen ▪ interessieren ▪ entspannen

1 Sabine *schminkt sich*.

2 Klaus ....

3 Felix ....

4 Ich .... auf eine Prüfung ....

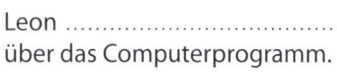

5 Leon .... über das Computerprogramm.

6 Kathrin und Max ....

7 Alexandra ....

8 Frau Weber und Herr Schneider ....

9 Herr Huber .... für Kunst.

b) Sagen Sie es im Perfekt.

O Sabine hat sich geschminkt.

A22 **Was ist passiert?**

Bilden Sie Sätze im Perfekt.

▪ die Kollegen – über die Arbeitszeiten – unterhalten
Die Kollegen haben sich über die Arbeitszeiten unterhalten.

1. Mia – wieder – über ihre Chefin – ärgern
   ....

2. wir – über die Grüße von Sebastian – freuen
   ....

3. es – 12.00 Uhr – sein *(Präsens)* – und – Julian – noch nicht – anziehen
   ....

4. ihr – noch nicht – für die Blumen – bedanken
   ....

5. ich – an der Hotelrezeption – über das Zimmer – beschweren
   ....

6. Peter und Paul – schon wieder – streiten
   ....

7. ich – gestern – erkälten
   ....

A23 Phonetik: Der Wortakzent bei Verben

a) Hören und wiederholen Sie.

1.06

Grundregel	Der Akzent ist links.
	heißen – arbeiten – gehen – fahren – schreiben – hören – spielen – wohnen – lösen
trennbare Verben	Der Akzent ist auf dem Präfix.
	aufstehen – einkaufen – fernsehen – anfangen – anrufen – einfügen – absagen – abschließen – anziehen
nicht trennbare Verben	Der Akzent ist auf dem Grundwort.
	begrüßen – beginnen – besuchen – bekommen – vereinbaren – beantworten – übernachten – verlieben – beschweren – bedanken – erkälten – unterhalten
Verben auf -ieren	Der Akzent ist auf dem ie.
	studieren – organisieren – telefonieren – reparieren – interessieren

b) Markieren Sie den Wortakzent der Verben.

eine E-Mail beantworten ▪ Termine vereinbaren ▪ ein Problem lösen ▪ Freunde besuchen ▪ Gespräche führen ▪ um 8.00 Uhr aufstehen ▪ mit der Arbeit beginnen ▪ an einer Universität studieren ▪ in einem Hotel übernachten ▪ Tennis spielen ▪ eine Masterarbeit schreiben ▪ ein Studium abschließen ▪ die Kollegen begrüßen

Tagesablauf

A24 Der Tagesablauf von Kathrin

a) Hören und lesen Sie Kathrins Tagesablauf.

1.07

Hallo. Ich heiße Kathrin.

Ich möchte etwas über meinen Tagesablauf und meine Arbeit erzählen. Normalerweise stehe ich um 7.30 Uhr auf, danach dusche ich mich. Gegen 8.00 Uhr frühstücke ich.

5 Um 9.00 Uhr beginnt meine Arbeit. Ich fahre mit dem Auto zur Arbeit und manchmal stehe ich lange im Stau. Jeden Morgen passiert bei uns im Büro das Gleiche. Ich begrüße meine Kollegen, schalte meinen Computer an, lese meine E-Mails und telefoniere viel.

10 Das hier ist das Zimmer unseres Abteilungsleiters. Es ist viel größer als mein Zimmer. Jeden Tag um 10.00 Uhr haben wir eine kurze Besprechung.

Von 12.30 bis 13.00 Uhr mache ich Mittagspause. Ich gehe oft in die Kantine essen. Meine Kollegin Martina bringt
15 sich immer Brot mit. Ich glaube, das Brot meiner Kollegin schmeckt besser als das Essen in der Kantine.

Nachmittags lese ich wieder E-Mails, schreibe Rech-nungen, fülle Excel-Tabellen aus, vereinbare Termine oder organisiere andere Dinge.

20 Um 17.30 Uhr habe ich Feierabend. Ich gehe dann einkaufen und ich mache etwas zum Abendbrot. Abends sehe ich meistens fern oder lese ein Buch.

b) Raten Sie. Welchen Beruf hat Kathrin?

c) Schreiben Sie Kathrins Tagesablauf in der 3. Person.

○ Normalerweise steht Kathrin um 7.30 Uhr auf, danach duscht und …

d) Schreiben Sie Ihren eigenen Tagesablauf.

Die Nomengruppe: Genitiv ⇨ Teil C Seite 31

das Büro des Abteilungsleiters
das Brot meiner Kollegin
→ Meistens steht das Genitivattribut hinter dem Bezugswort.

Kathrins Tagesablauf
→ Bei Namen steht der Genitiv vor dem Bezugswort.

	Singular						Plural	
	maskulin		**feminin**		**neutral**			
Nominativ	der	Leiter	die	Kollegin	das	Hobby	die	Lehrer
Akkusativ	den	Leiter						
Dativ	dem	Leiter	der	Kollegin	dem	Hobby	den	Lehrern
Genitiv	des	Leiters	der	Kollegin	des	Hobbys	der	Lehrer
	eines	Leiters	einer	Kollegin	eines	Hobbys		
	meines	Leiters	meiner	Kollegin	meines	Hobbys	meiner	Lehrer

A25 **Betriebsrundgang: Kathrin zeigt ihren Betrieb**
Ergänzen Sie die Angaben im Genitiv.

■ Das ist das Hauptgebäude *(die Firma BETA)*.
  Das ist das Hauptgebäude der Firma BETA.

1. Die Firma liegt sehr günstig, gleich in der Nähe *(der Bahnhof)*.
   ....

2. In der Nähe *(der Eingang)* ist der Fahrstuhl.
   ....

3. Das hier ist das Zimmer *(die Verwaltungsleiterin)* und dahinter liegt das Zimmer *(die Marketingabteilung)*.
   ....

4. Dieser große Schreibtisch hier ist der Schreibtisch *(der Marketingchef)*.
   ....

5. Hier stehen unsere Hauptrechner. Das ist der Arbeitsbereich *(die Informatiker)*.
   ....

6. Gleich daneben finden Sie die Praxis *(der Betriebsarzt)*. Ob das was zu bedeuten hat?
   ....

7. Das ist die Kantine *(die Mitarbeiter)*. Das Essen schmeckt hier manchmal schrecklich.
   ....

8. Ganz anders schmeckt das Essen in der Kantine *(das Management)*. Das Management hat einen Extra-Koch, einen Koch *(die Spitzenklasse)*!
   ....

Wissenswertes *(fakultativ)*

B1 Akademische Berufe

a) Was meinen Sie? Welche Berufe haben in Ihrem Heimatland gute Chancen auf dem Arbeitsmarkt?

> Ärzte ▪ Architekten ▪ Juristen ▪ Mathematiklehrer ▪ Deutschlehrer ▪ Philosophen ▪ Ingenieure ▪ Biologen ▪ Physiker ▪ Zahnärzte ▪ Mathematiker ▪ Informatiker ▪ Ökonomen ▪ Apotheker ▪ Datenanalysten

b) Was sind die beliebtesten Studienrichtungen in Ihrem Heimatland?
Vergleichen Sie die Situation in Ihrem Heimatland mit der Situation in Deutschland.

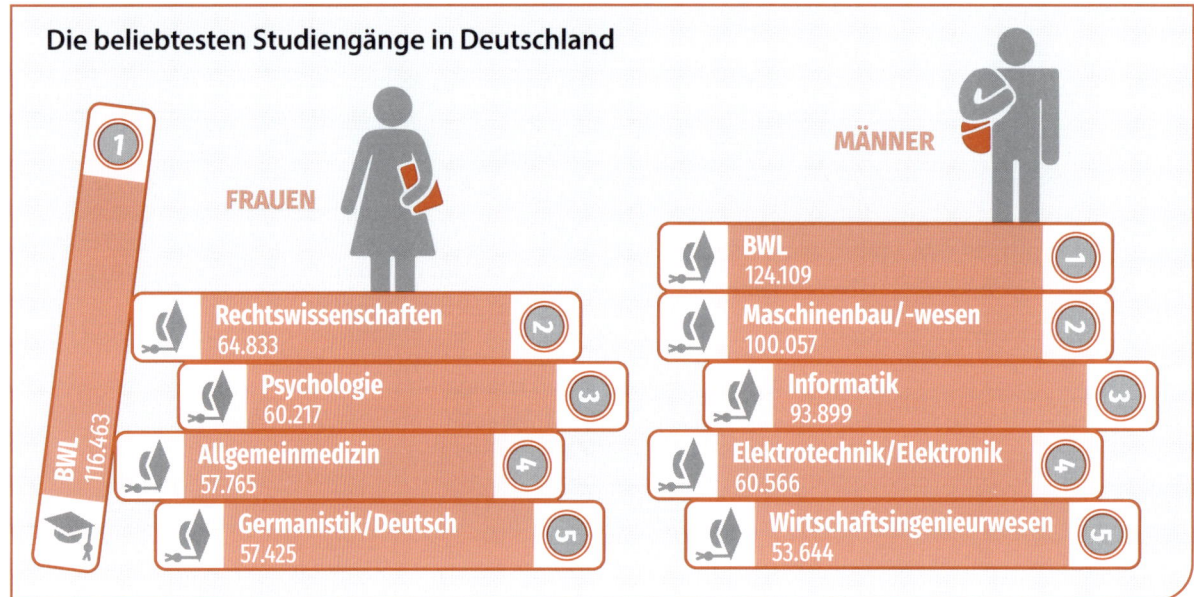

Die beliebtesten Studiengänge in Deutschland

FRAUEN
1. BWL 116.463
2. Rechtswissenschaften 64.833
3. Psychologie 60.217
4. Allgemeinmedizin 57.765
5. Germanistik/Deutsch 57.425

MÄNNER
1. BWL 124.109
2. Maschinenbau/-wesen 100.057
3. Informatik 93.899
4. Elektrotechnik/Elektronik 60.566
5. Wirtschaftsingenieurwesen 53.644

Quelle: Statista

BWL = Betriebswirtschaftslehre

B2 Chancen auf dem Arbeitsmarkt

Lesen und hören Sie den folgenden Text. Sie können als Hilfe ein Wörterbuch benutzen.
Notieren Sie nach dem Lesen die unbekannten Wörter.

Gute Zeiten für Akademiker?

Zuerst die gute Nachricht: Akademiker sind seltener arbeitslos als andere Berufstätige. Die Zahl der arbeitslosen Akademiker in Deutschland liegt bei 2,2 Prozent. Und die Tendenz ist positiv, das heißt,
5 man erwartet in Zukunft noch mehr Stellen in akademischen Berufen. Aber nicht alle Berufe haben gute Zukunftsaussichten.

Sehr gut stehen die Arbeitschancen für Ärzte, Mathematiker, Maschinenbau- und Elektronikingenieure,
10 Informatiker und Lehrer. Finanz- und Wirtschaftsmathematiker können sich auf dem Arbeitsmarkt wie Fußball-Superstars fühlen, so gut sind ihre Arbeitsmöglichkeiten.

Für Betriebswirte werden die Jobchancen in den
15 nächsten Jahren nicht besser, denn die Zahl der Bachelor- und Masterabsolventen in diesem Bereich ist gestiegen. Für eine gute Stelle braucht man einen guten Abschluss.

Die Zukunft für Biologen, Architekten, Sprachwis-
20 senschaftler oder Journalisten sieht nicht so gut aus. Im Bereich der Medien gibt es immer weniger feste Jobs. Zeitungen und Zeitschriften müssen sparen. Auch Übersetzer bekommen weniger Aufträge, denn kleinere Übersetzungen übernehmen heute Compu-
25 terprogramme.

Für Juristen ist die Lage auf dem Arbeitsmarkt unterschiedlich. Sie können zum Beispiel im Staatsdienst oder in großen Firmen eine steile Karriere machen. Doch viele Juristen arbeiten in kleinen Kanzleien.
30 Einige davon haben finanzielle Probleme.

B3 Textinformationen

a) Was ist richtig, was ist falsch? Kreuzen Sie an.

	richtig	falsch
1. Menschen mit einem akademischen Abschluss haben bessere Chancen auf dem Arbeitsmarkt als andere.	☐	☐
2. In ein paar Jahren gibt es für alle akademischen Berufe mehr Stellen.	☐	☐
3. Finanz- und Wirtschaftsmathematiker verdienen genauso viel Geld wie Fußballstars.	☐	☐
4. Es gibt immer mehr Betriebswirte.	☐	☐
5. Journalisten und Übersetzer haben in Zukunft keine guten Jobchancen.	☐	☐
6. Das Jurastudium garantiert eine steile Karriere.	☐	☐

b) Ordnen Sie die Berufe zu.

Berufe mit sehr guten Chancen auf dem Arbeitsmarkt	Berufe mit unterschiedlichen Chancen auf dem Arbeitsmarkt	Berufe mit geringen Chancen auf dem Arbeitsmarkt
....	....	....
....	....	....
....	....	....
....	....	....
....	....	....
....	....	....
....	....	

B4 Wortschatz

Welche Wörter haben synonyme Bedeutung? Ordnen Sie zu.

(1) die Stelle   (a) Perspektiven
(2) arbeitslos sein   (b) beruflichen Erfolg haben
(3) Zukunftsaussichten (c) Möglichkeiten
(4) sparen   (d) der Job
(5) Chancen   (e) keine Arbeit haben
(6) Karriere machen   (f) weniger Geld ausgeben

B5 Was machen diese Leute?

Ergänzen Sie die femininen Berufsbezeichnungen. Ordnen Sie die Tätigkeiten zu.

(1) der Arzt — *die Ärztin* — (a) unterrichtet Schüler im Fach Deutsch
(2) der Architekt .... (b) hilft kranken Menschen
(3) der Deutschlehrer .... (c) konstruiert z. B. Maschinen oder Autos
(4) der Apotheker .... (d) beschäftigt sich z. B. mit Atomen
(5) der Ingenieur .... (e) repariert kaputte Zähne
(6) der Informatiker .... (f) programmiert z. B. Computerspiele
(7) der Zahnarzt .... (g) verkauft Medikamente
(8) der Physiker .... (h) entwirft neue Häuser
(9) der Philosoph .... (i) berät Menschen in Rechtsfragen
(10) der Wirtschaftsmathematiker .... (j) erklärt die Welt
(11) der Jurist .... (k) rechnet mit Zahlen aus der Wirtschaft

Verben

Verben im Präsens *(Wiederholung)*

Regelmäßige Verben

	lernen	**arbeiten**
ich	lerne	arbeite
du	lernst	arbeitest
er/sie/es	lernt	arbeitet
wir	lernen	arbeiten
ihr	lernt	arbeitet
sie/Sie	lernen	arbeiten

Unregelmäßige Verben

	fahren	**geben**
ich	fahre	gebe
du	fährst	gibst
er/sie/es	fährt	gibt
wir	fahren	geben
ihr	fahrt	gebt
sie/Sie	fahren	geben

Haben und *sein*

	haben	**sein**
ich	habe	bin
du	hast	bist
er/sie/es	hat	ist
wir	haben	sind
ihr	habt	seid
sie/Sie	haben	sind

Ich bin _____

C1 **Ergänzen Sie die Verben in der richtigen Form.**

> liegen ▪ lesen ▪ sprechen ▪ haben ▪ essen ▪ lernen ▪ geben ▪ kommen ▪ fliegen ▪ bleiben ▪ stehen ▪ fahren ▪
> sein ▪ trinken ▪ arbeiten ▪ **wohnen**

▪ Ich *wohne* in einer Drei-Zimmer-Wohnung.

1. .... du einen neuen Schreibtisch?

2. Marie .... seit drei Jahren Englisch.

3. Jean-Marc und Sarah .... aus Frankreich.

4. In welchem Zimmer .... der Fernseher?

5. Marco .... im Bett und
   .... einen Roman.

6. .... du mit deinem neuen Auto?

7. .... es in der Nähe ein gutes Restaurant?

8. .... du auch ein Glas Apfelsaft?

9. Paul .... heute mit dem Flugzeug nach
   New York, ich .... lieber zu Hause.

10. Wo .... Frau Krause?

11. Franziska .... kein Fleisch.

12. .... du glücklich?

13. Otto .... fließend Italienisch.

C2 **Ergänzen Sie die Verben in der richtigen Form.**

> hören ▪ scheinen ▪ **kosten** ▪ studieren ▪ schlafen ▪ helfen ▪ fahren ▪ reparieren ▪ schmecken ▪ telefonieren ▪ sein ▪ fotografieren ▪ sehen

■ Der Pullover *kostet* 259 Euro.

1. Es .... schon 12.00 Uhr und Conrad .... immer noch!
2. Im Urlaub .... Andreas alle Sehenswürdigkeiten mit seinem neuen Fotoapparat.
3. .... du auch gern Jazzmusik?
4. Die Sonne .... den ganzen Tag!
5. .... euch das Essen nicht?
6. Seine Brille ist weg. Er .... dich nicht!
7. .... du mir bitte beim Kartoffelschälen?
8. Wolfgang .... den Drucker.
9. .... du schon wieder mit deiner Mutter?
10. .... ihr in diesem Jahr wieder nach Griechenland?
11. Serena .... in Bremen Medizin.

Verben mit Präfix (*Wiederholung*)

trennbare Verben

Das Präfix ist z. B. eine Präposition oder ein Adverb.

→
anfangen: ich fange an
aufstehen: ich stehe auf
ausschalten: ich schalte aus
einkaufen: ich kaufe ein
fernsehen: ich sehe fern

nicht trennbare Verben

Das Präfix ist kein Wort, es kann nicht alleine stehen.

→
beginnen: ich beginne
erwarten: ich erwarte
vereinbaren: ich vereinbare

Verben mit *unter-* und *über-*

Verben mit *unter-* und *über-* sind oft nicht trennbar, in einigen wenigen Fällen kann man das Präfix trennen.

→
unterrichten: ich unterrichte
übersetzen: ich übersetze

Satzbau

Präsens
Das nicht trennbare Verb und das Präfix sind immer ein Wort:
→ Diese Bluse gefällt mir nicht.
→ Berichten Sie über Ihren letzten Urlaub!

Das Präfix der trennbaren Verben steht am Satzende:
→ Helga steht jeden Tag um sieben Uhr auf.
→ Ruf mich heute Abend an!

Perfekt
Im Partizip der nicht trennbaren Verben gibt es kein *ge-*:
→ Josef hat die Frage nicht beantwortet.

Das Präfix der trennbaren Verben steht vor dem *ge-*:
→ Klaus hat mich gestern nicht angerufen.

C3 Welches Präfix fehlt?

an- (3 ×) ▪ **auf-** ▪ aus- ▪ be- (2 ×) ▪ er- ▪ ein- ▪ mit- ▪ ver- (2 ×)

▪ Heute bin ich um halb sieben *auf*gestanden.

1. Kannst du mir diese Aufgabe .... klären?

2. Meine Freundin hat gestern zwanzig E-Mails .... kommen.

3. Wann seid ihr in Rom .... gekommen?

4. Ich .... stehe dieses Wort nicht.

5. Nimm doch deinen Regenschirm ...., der Himmel ist bewölkt.

6. Herr Köpke .... einbart einen Termin für seine Chefin.

7. Wann fängt das Konzert ....?

8. Bitte schalte den Computer .... Ich arbeite nicht mehr.

9. Darf ich Sie heute Nachmittag wieder .... rufen?

10. Sie müssen diese E-Mail sofort .... antworten.

11. Wer kauft heute ....?

C4 Bilden Sie Fragen im Präsens.

▪ wann – du – anrufen – Anja   *Wann rufst du Anja an?*

1. wie viele Stunden – Sie – fernsehen – täglich   ....

2. wo – ihr – einkaufen – am liebsten   ....

3. wann – beginnen – die Theatervorstellung   ....

4. wann – aufhören – dein Arabischkurs   ....

5. wie oft – Sie – besuchen – Ihre Eltern   ....

6. wann – Inge – abfahren   ....

7. wann – erwarten – ihr – den Monteur   ....

8. wie viele Tabletten – du – am Tag – einnehmen   ....

9. wann – der Zug – ankommen   ....

C5 Bilden Sie Sätze im Präsens.

▪ einschalten *(den Fernseher)*   *Er schaltet den Fernseher ein.*

1. bezahlen *(die Rechnung)*   ....

2. vereinbaren *(einen Termin)*   ....

3. einladen *(einen Freund zum Essen)*   ....

4. mitnehmen *(einen Fotoapparat)*   ....

5. beantworten *(die E-Mail)*   ....

6. aufstehen *(jeden Morgen um 8.00 Uhr)*   ....

7. einschlafen *(erst spät abends)*   ....

8. abholen *(Tante Anneliese)*   ....

9. vergessen *(deinen Geburtstag nicht)*   ....

10. zurückfahren *(mit dem Auto)*   ....

Das Perfekt *(Wiederholung)*

	1 Hilfsverb	**2 Partizip II**
Ich habe eingekauft.	habe	eingekauft
Ich bin gefahren.	bin	gefahren

Perfekt mit	*sein*	oder	*haben*
Bildung:	ich bin gefahren ich bin aufgestanden Das Flugzeug ist gelandet.		ich habe getrunken ich habe angerufen ich habe begonnen ich habe gearbeitet ich habe eingekauft ich habe studiert
	besondere Verben: sein: ich bin gewesen bleiben: ich bin geblieben		
Verwendung:	Wechsel von Ort oder Zustand		alle anderen Verben
	Ich bin gefahren. A • ⟶ • B		

Das Partizip

Regelmäßige Verben   Ich habe gelöst.   ⟶   Partizip: (ge) ....t
Ich habe eingekauft.

Verben ohne Präfix				Verben mit Präfix		
				trennbare Verben	nicht trennbare Verben	
ich	habe	gelöst	bin	gelandet	habe eingekauft	habe bezahlt
du	hast	gelöst	bist	gelandet	hast eingekauft	hast bezahlt
er/sie/es	hat	gelöst	ist	gelandet	hat eingekauft	hat bezahlt
wir	haben	gelöst	sind	gelandet	haben eingekauft	haben bezahlt
ihr	habt	gelöst	seid	gelandet	habt eingekauft	habt bezahlt
sie	haben	gelöst	sind	gelandet	haben eingekauft	haben bezahlt
Sie	haben	gelöst	sind	gelandet	haben eingekauft	haben bezahlt

Unregelmäßige Verben   Ich bin gefahren.   ⟶   Partizip: (ge) ....en (evtl. Vokalwechsel)

Verben ohne Präfix				Verben mit Präfix		
				trennbare Verben	nicht trennbare Verben	
ich	bin	gefahren	habe	gelesen	habe angerufen	habe begonnen
du	bist	gefahren	hast	gelesen	hast angerufen	hast begonnen
er/sie/es	ist	gefahren	hat	gelesen	hat angerufen	hat begonnen
wir	sind	gefahren	haben	gelesen	haben angerufen	haben begonnen
ihr	seid	gefahren	habt	gelesen	habt angerufen	habt begonnen
sie	sind	gefahren	haben	gelesen	haben angerufen	haben begonnen
Sie	sind	gefahren	haben	gelesen	haben angerufen	haben begonnen

C6 **Ergänzen Sie die Verben im Perfekt.**

■ Ski laufen   Er ist *Ski gelaufen*.

1. protestieren   Wir haben ....
2. Knoblauch essen   Sie ....
3. in München ankommen   Clara ....
4. einen Film sehen   Ihr ....
5. Musik hören   Ich ....
6. den Termin vergessen   Er ....
7. ein Taxi nehmen   Die Gäste ....
8. Kaffee kochen   Ich ....
9. schlafen   Ihr ....

C7 **Schreiben Sie Sätze im Perfekt.**

■ ein Haus in der Lorenzstraße mieten   Rudi *hat ein Haus in der Lorenzstraße gemietet*.

1. ein interessantes Buch lesen   Herr Wagner ....
2. ihre Freunde besuchen   Stefano und Raffaella ....
3. ins Theater gehen   Wir ....
4. um acht Uhr frühstücken   Ich ....
5. gestern lange arbeiten   Du ....
6. kein Brot kaufen   Ihre Schwester ....
7. nach Chile fliegen   Familie Klein ....
8. am Nachmittag Mathematik lernen   Unser Sohn ....
9. das Problem lösen   Meine Kollegin ....
10. im Hotel bleiben   Einige Touristen ....
11. am Wochenende spät aufstehen   Wir ....

C8 **Wie war die Party? Ergänzen Sie die richtigen Formen.**

Hallo Carsten, wie war die Party am Freitag? – Super. Ich habe nicht
so viele Leute .... *(einladen)*, und fast alle sind
.... *(kommen)*, nur Karin hat .... *(absagen)*, denn sie ist zu ihrer Oma .... *(fahren)*.

Wir haben einen großen Topf leckere italienische Nudeln
.... *(kochen)* und dann alles .... *(essen)*!
Laura hat uns tolle Fotos .... *(zeigen)*, wir haben
.... *(tanzen)* und Musik .... *(hören)*.
Ach ja, wir haben auch verschiedene Spiele .... *(spielen)*
und viel .... *(lachen)*.

C9 **Und wie war Ihre letzte Party? Schreiben Sie 6 – 8 Sätze.**

Reflexive Verben

Konjugation	ich	erinnere	mich	wir	erinnern	uns
	du	erinnerst	dich	ihr	erinnert	euch
	er/sie/es	erinnert	sich	sie/Sie	erinnern	sich

Teilreflexive Verben	Reflexive Verben
Manche Verben können mit einem Reflexivpronomen oder einem anderen Akkusativobjekt stehen.	Manche Verben haben immer ein Reflexivpronomen.
Ich wasche mich. Ich wasche meine Sachen.	Ich bedanke mich.
anmelden anziehen/umziehen ärgern duschen erinnern föhnen schminken treffen waschen	bedanken beeilen befinden beschweren erkälten freuen interessieren streiten verlieben

C10 Ergänzen Sie die Reflexivpronomen.

1. a) Er zieht *sich* um.
   b) Ich ziehe .... um.
   c) Wir ziehen .... um.

2. a) Ich freue .... über die Blumen.
   b) Inge freut .... über die Blumen.
   c) Oma und Opa freuen .... über die Blumen.

3. a) Ich dusche *mich* jeden Tag.
   b) Er duscht .... jeden Tag.
   c) Du duschst .... jeden Tag.

4. a) Wir beschweren .... über das Zimmer.
   b) Kathrin beschwert .... über das Zimmer.
   c) Ihr beschwert .... über das Zimmer.

5. a) Sie bedankt *sich* für das Geschenk.
   b) Wir bedanken .... für das Geschenk.
   c) Ihr bedankt .... für das Geschenk.

6. a) Ich interessiere .... für Politik.
   b) Mein Bruder interessiert .... für Politik.
   c) Du interessierst .... für Politik.

C11 Ergänzen Sie die Reflexivpronomen.

1. Susanne interessiert .... für Sprachen.
2. Matthias erinnert .... nicht gern an seine Schulzeit.
3. Ich habe .... verliebt.
4. Warum streitest du .... immer mit deinem Bruder?
5. Otto hat eine schlechte Note in Mathematik. Er ärgert ....
6. Frau und Herr Müller haben .... für einen Spanischkurs angemeldet.
7. Sie treffen .... um 20.00 Uhr vor dem Kino.
8. Sonja muss .... beeilen.
9. Wir haben .... für das Geschenk noch nicht bedankt.
10. Marie schminkt .... für die Hochzeit.
11. Freut ihr .... auf den Urlaub?
12. Der Kunde hat .... beschwert.
13. Hast du ein bisschen Vitamin C für mich? Ich habe .... erkältet.

Die Nomengruppe

Das Genus

	Singular	
maskulin	feminin	neutral
der Baum	die Maus	das Herz
der Drucker	die Übung	das Museum

Für das Genus vieler Nomen gibt es keine Regel.
Lernen Sie deshalb ein neues Wort immer mit dem Artikel!

Bei manchen Nomen gibt es Regeln. Erarbeiten Sie einige davon.

C12 **Finden Sie die richtigen Artikel und ergänzen Sie die Regeln.**
Die richtigen Artikel finden Sie in den Texten und Übungen zu Kapitel 1.

Regel	Artikel	
Personen und Geräte auf -er sind maskulin.	*der*	Fahrer, Manager, Informatiker, Schüler, Computer, Drucker
Personen auf -in sind	....	Lehrerin, Kellnerin, Sekretärin, Dozentin
Nomen auf -ung sind	....	Prüfung, Übung, Lösung, Zeichnung, Ausbildung, Vorlesung, Wohnung
Nomen auf -e sind oft	....	Adresse, Stunde, Schule, Sprache, Tabelle, Note, Geschichte, Hausaufgabe
Fremdwörter auf -tät, -ion, -ie, -ik sind	....	Universität, Fakultät, Million, Information, Chemie, Biologie, Physik, Mathematik
Viele internationale Wörter sind	....	Hotel, Problem, Internet, Telefon, System, Kino, Auto, Lotto, Hobby
Nomen aus dem Infinitiv des Verbs sind	....	Rechnen, Turnen, Lesen, Surfen, Essen, Reisen, Fotografieren, Schreiben
Nomen auf -um sind	....	Studium, Gymnasium, Praktikum

C13 **Ordnen Sie die Wörter nach ihrem Artikel. Sammeln Sie weitere Wörter.**

Waschmaschine ▪ Schreiben ▪ Geschichte ▪ Bluse ▪ Freundin ▪ Minister ▪ Familie ▪ Besprechung ▪ Radio ▪ Handy ▪ Sonnenbrille ▪ Leben ▪ Café ▪ Zeitung ▪ Straße ▪ Fernseher

maskulin	feminin	neutral
	die Waschmaschine, ...	

C14 **Ergänzen Sie die Nomen.**

der Chemik*er* ▪ die Einlad......... ▪ die Informat......... ▪ die Ausbild......... ▪ der Schül......... ▪ die Frag......... ▪

das Gymnasi......... ▪ das Aut......... ▪ das Les......... ▪ der Comput......... ▪ die Lehrer......... *(Sg.)*

C15 **Wie heißen die Nomen? Vergessen Sie die Artikel nicht.**

▪   Hier wohnt man. *die Wohnung*

1. Diese Person fährt ein Taxi. ....

2. In deutschen Schulen ist die Eins die beste. ....

3. Diese Frau arbeitet in einem Café oder Restaurant. ....

4. Hier kann man studieren. ....

5. Das sind zum Beispiel Jazz, Blues und Rock. ....

6. Das sind zum Beispiel Englisch, Deutsch oder Spanisch. ....

7. Hier lernen Kinder von 6 bis 18. ....

Die Nomengruppe: Genitiv

das Zimmer des Marketingdirektors/der Abteilungsleiterin/des Kindes/der Mitarbeiter

	Singular						Plural	
	maskulin		feminin		neutral			
Nominativ	der ein mein	Direktor Direktor Direktor	die eine meine	Leiterin Leiterin Leiterin	das ein mein	Kind Kind Kind	die meine	Mitarbeiter Mitarbeiter
Akkusativ	den einen meinen	Direktor Direktor Direktor						
Dativ	dem einem meinem	Direktor Direktor Direktor	der einer meiner	Leiterin Leiterin Leiterin	dem einem meinem	Kind Kind Kind	den meinen	Mitarbeitern Mitarbeitern
Genitiv	des eines meines	Direktors Direktors Direktors	der einer meiner	Leiterin Leiterin Leiterin	des eines meines	Kindes* Kindes* Kindes*	der meiner	Mitarbeiter Mitarbeiter

* Die Endung *-es* steht oft bei einsilbigen Wörtern: der Baum ➞ des Baumes; das Wort ➞ des Wortes.

C16 **Ergänzen Sie Artikel und Genitiv.**

1. .... Lieblingshobby .... *(der Direktor)* ist Surfen.

2. .... Farbe .... *(die Wand)* gefällt mir gut.

3. Ist das .... Tasche .... *(deine Mutter)*?

4. Kennst du schon .... neuen Mann .... *(die Außenministerin)*?

5. .... Familie .... *(dein Mann)* ist ziemlich groß.

6. .... Einladung .... *(deine Firma)* zum Essen nehmen wir an!

7. .... Installation .... *(der Drucker)* dauert sehr lange.

8. Wie lange dauert .... Ausbildung .... *(dein Sohn)* noch?

9. Wann ist .... Abschluss .... *(dein Studium)*?

Rückblick

 D1 **Wichtige Redemittel**
Hier finden Sie die wichtigsten Redemittel des Kapitels.

Zweisprachige Redemittellisten finden Sie hier: **www.schubert-verlag.de/wortschatz**

Etwas über sich selbst erzählen

Ich heiße/Mein Name ist … ▪ Ich komme aus … ▪ Mein Geburtsort ist …
Ich arbeite als *(Produktmanager)* bei *(Mercedes)*. ▪ Ich bin verheiratet/ledig/geschieden.
Ich wohne in … ▪ In meiner Freizeit *(lese ich gern Fachzeitschriften)*.

Schule und Ausbildung

Ich bin am … in … geboren. ▪ Von … bis … habe ich *(die Schule/das Gymnasium)* besucht. ▪ Meine Lieblingsfächer waren … ▪ Ich habe mich für … interessiert. ▪ In *(Geschichte)* habe ich gute Noten/Zensuren bekommen. ▪ Nach der Schule habe ich eine Ausbildung zu … gemacht. ▪ Von … bis … habe ich an der Universität … studiert. ▪ Ich habe *(die Schule/die Ausbildung/die Universität) (mit der Mittleren Reife/dem Abitur/dem Bachelor of Arts/dem Master of Science) (2010)* abgeschlossen. ▪ … habe ich ein Praktikum bei … gemacht/absolviert. ▪ Dort habe ich Arbeitserfahrungen/praktische Erfahrungen gesammelt. ▪ Ich beherrsche *(Englisch fließend/alle MS Office-Programme)*. ▪ Ich arbeite seit *(2018)* als *(Marketingmanagerin)*.

Tagesablauf

Zu Hause: aufstehen ▪ sich duschen ▪ sich waschen ▪ sich föhnen ▪ sich schminken ▪ frühstücken

Im Büro: Kollegen begrüßen ▪ E-Mails lesen und schreiben ▪ mit Kunden reden ▪ Besprechungen haben ▪ in der Kantine Mittag essen ▪ Termine vereinbaren ▪ Rechnungen schreiben ▪ Ideen entwickeln ▪ ein Projekt präsentieren ▪ sich über kleine Erfolge freuen ▪ sich über eine Kundin ärgern ▪ Feierabend haben

Nach der Arbeit: einkaufen ▪ kochen ▪ fernsehen ▪ Bücher lesen

 D2 **Kleines Wörterbuch der Verben**
(Wiederholung: Die meisten Verben kennen Sie schon aus Begegnungen A1⁺)

Unregelmäßige Verben

Infinitiv	3. Person Singular Präsens	3. Person Singular Präteritum	3. Person Singular Perfekt
abschließen *(ein Studium)*	er schließt ab	er schloss ab	er hat abgeschlossen
anfangen	er fängt an	er fing an	er hat angefangen
aufstehen	er steht auf	er stand auf	er ist aufgestanden
backen *(ein Brot)*	er backt/bäckt	er backte	er hat gebacken
beginnen	er beginnt	er begann	er hat begonnen
bekommen *(eine Stelle)*	er bekommt	er bekam	er hat bekommen
bieten *(eine Chance)*	er bietet	er bot	er hat geboten
bleiben	er bleibt	er blieb	er ist geblieben
essen	er isst	er aß	er hat gegessen

fahren	er fährt	er fuhr	er ist gefahren
fliegen	er fliegt	er flog	er ist geflogen
geben	er gibt	er gab	er hat gegeben
gehen	er geht	er ging	er ist gegangen
gewinnen	er gewinnt	er gewann	er hat gewonnen
halten *(eine Vorlesung)*	er hält	er hielt	er hat gehalten
heißen	er heißt	er hieß	er hat geheißen
helfen	er hilft	er half	er hat geholfen
kommen	er kommt	er kam	er ist gekommen
lesen	er liest	er las	er hat gelesen
nehmen einnehmen *(eine Tablette)*	er nimmt er nimmt ein	er nahm er nahm ein	er hat genommen er hat eingenommen
schießen *(ein Tor)*	er schießt	er schoss	er hat geschossen
schlafen	er schläft	er schlief	er hat geschlafen
schreiben	er schreibt	er schrieb	er hat geschrieben
sein	er ist	er war	er ist gewesen
singen	er singt	er sang	er hat gesungen
stehen aufstehen	er steht er steht auf	er stand er stand auf	er hat gestanden er ist aufgestanden
sprechen	er spricht	er sprach	er hat gesprochen
trinken	er trinkt	er trank	er hat getrunken
umziehen *(in eine Stadt)*	er zieht um	er zog um	er ist umgezogen
vergessen	er vergisst	er vergaß	er hat vergessen

Reflexive und teilreflexive Verben (regelmäßig und unregelmäßig)

Infinitiv	3. Person Singular Präsens	3. Person Singular Präteritum	3. Person Singular Perfekt
sich anziehen	er zieht sich an	er zog sich an	er hat sich angezogen
sich ärgern	er ärgert sich	er ärgerte sich	er hat sich geärgert
sich bedanken	er bedankt sich	er bedankte sich	er hat sich bedankt
sich befinden	er befindet sich	er befand sich	er hat sich befunden
sich beschweren	er beschwert sich	er beschwerte sich	er hat sich beschwert
sich beeilen	er beeilt sich	er beeilte sich	er hat sich beeilt
sich duschen	er duscht sich	er duschte sich	er hat sich geduscht

sich erinnern	er erinnert sich	er erinnerte sich	er hat sich erinnert
sich erkälten	er erkältet sich	er erkältete sich	er hat sich erkältet
sich freuen	er freut sich	er freute sich	er hat sich gefreut
sich föhnen	er föhnt sich	er föhnte sich	er hat sich geföhnt
sich interessieren	er interessiert sich	er interessierte sich	er hat sich interessiert
sich kämmen	er kämmt sich	er kämmte sich	er hat sich gekämmt
sich schminken	er schminkt sich	er schminkte sich	er hat sich geschminkt
sich streiten	er streitet sich	er stritt sich	er hat sich gestritten
sich treffen	er trifft sich	er traf sich	er hat sich getroffen
sich umziehen	er zieht sich um	er zog sich um	er hat sich umgezogen
sich unterhalten	er unterhält sich	er unterhielt sich	er hat sich unterhalten
sich verlieben	er verliebt sich	er verliebte sich	er hat sich verliebt
sich vorstellen	er stellt sich vor	er stellte sich vor	er hat sich vorgestellt

D3 **Evaluation**
Überprüfen Sie sich selbst.

Ich kann	gut	nicht so gut
Ich kann einfache Auskünfte über mich selbst geben und Informationen von anderen Personen erfragen.	☐	☐
Ich kann Berufe nennen und Bürotätigkeiten beschreiben.	☐	☐
Ich kann etwas über meine Schulzeit erzählen.	☐	☐
Ich kann einen tabellarischen Lebenslauf lesen und schreiben.	☐	☐
Ich kann meinen Tagesablauf beschreiben.	☐	☐
Ich kann Studieneinrichtungen nennen und einen einfachen Text über akademische Berufe lesen. (*fakultativ*)	☐	☐

Hobbys und Freizeit

Kommunikation

- Über Freizeitaktivitäten berichten
- Über Musik, Fotografieren und Kino sprechen
- Eine Biografie lesen
- Informationen erfragen (z. B. im Museum)
- sich verabreden

Wortschatz

- Freizeit
- Musik
- Fotografie
- Film
- Biografie

Freizeitaktivitäten

 A1 **Was kann man alles in der Freizeit machen?**
Ordnen Sie die Tätigkeiten zu. Arbeiten Sie zu zweit.

fotografieren ▪ Computerspiele spielen/im Internet surfen ▪ mit Freunden oder Familienmitgliedern tele-
fonieren/reden ▪ ausgehen/in die Kneipe gehen ▪ Auto fahren/einen Ausflug machen ▪ Musik hören ▪ ein
Buch lesen ▪ Sport treiben/Gymnastik machen ▪ wandern ▪ eine Sprache lernen ▪ Fußball spielen ▪ ein-
kaufen/shoppen gehen ▪ in sozialen Netzwerken kommunizieren ▪ im Restaurant essen ▪ Hausarbeiten
machen ▪ fernsehen ▪ ins Theater/ins Kino gehen ▪ Partys feiern ▪ kochen ▪ im Garten arbeiten

1	2	3	4
....	....	....	....
5	6	7	8
....	....	....	....
9	10	11	12
....	....	....	....
13	14	15	16
....	....	....	....
17	18	19	20
....	....	....	....

A2 Wortschatz: Freizeit
Ergänzen Sie die fehlenden Verben.

> treiben ▪ feiern ▪ arbeiten ▪ kommunizieren ▪ fahren ▪ spielen (2 ×) ▪ gehen ▪ kochen ▪ besuchen ▪ trinken ▪ machen ▪ surfen ▪ sehen ▪ telefonieren ▪ fotografieren ▪ hören

Man kann in der Freizeit:

1. ins Kino ....
2. einen *(Sprach-)*Kurs ....
3. Musik ....
4. Sport ....
5. im Garten ....
6. Auto ....
7. Fußball ....
8. mit Freunden ein Bier ....
9. Computer-/Gesellschaftsspiele ....
10. in sozialen Netzwerken ....
11. im Internet ....
12. eine Reise/einen Ausflug ....
13. für Gäste ein Menü ....
14. die Natur ....
15. eine Party ....
16. einen Film ....
17. mit Freunden oder Familienmitgliedern ....

A3 Ihre Freizeitaktivitäten
Berichten Sie. Was machen Sie in Ihrer Freizeit? Wie lange und wie oft? Ergänzen Sie die Tabelle. Vergleichen Sie die Tabelle mit Ihrer Nachbarin/Ihrem Nachbarn.

Platz	Tätigkeit	Wie lange?	Wie oft?
1.	*Fernsehen* *Auf Platz eins steht bei mir* *(das) Fernsehen, danach kommt …*	*drei Stunden*	*jeden Tag (täglich), dreimal in der Woche, einmal im Monat, einmal im Jahr*
2.	....	....	....
3.	....	....	....
4.	....	....	....

A4 Beliebteste Freizeitbeschäftigungen in Deutschland (Auswahl)
Beschreiben Sie die folgende Grafik und vergleichen Sie die Ergebnisse mit Ihrer Liste aus A3.

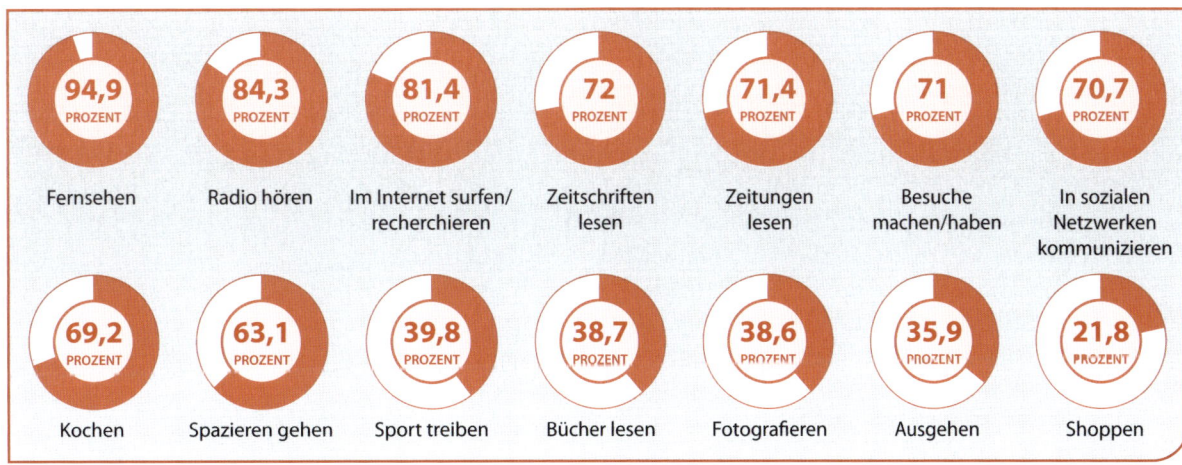

Quelle: Statista

- 94,9 Prozent der Bundesbürger …
- Danach folgen/kommen
- Auf Platz … steht/liegt …
- Beliebt ist/sind auch …

- … Prozent der Deutschen … gern.
- Ich *(höre)* nicht so oft/nicht so viel/weniger/mehr *(Radio)*.
- Bei mir kommt … an … Stelle.

A5 Informationen aus der Grafik

Lesen Sie den Text zur Grafik und ergänzen Sie die fehlenden Nomen.
Hören Sie den Text danach zur Kontrolle.

> Spitzenplatz ▪ Zeitungen ▪ **Untersuchungen** ▪ Freunde ▪ Trend ▪ Geräte ▪ Kontakte ▪ Gäste ▪ Nutzung ▪
> Sport ▪ Internet

Bei *Untersuchungen* zum Thema Freizeit kann man einen deutlichen ....(1) sehen:

Medien bestimmen die Freizeitaktivitäten. Das Fernsehen liegt mit 94,9 % auf Platz 1. Es hat seinen

....(2) behalten. Auf Platz 2 folgt mit 84,3 % das Radiohören, den vierten und fünften

Platz belegen das Lesen von Zeitschriften (72 %) und ....(3) (71,4 %).

81,4 % der Menschen in Deutschland surfen regelmäßig im ....(4) (Platz 3) und 70,7 %

kommunizieren in sozialen Netzwerken. Die Internetrecherche und die ....(5) der

sozialen Netzwerke erfolgen immer mehr über mobile ....(6) wie Smartphones oder

Tablets und haben in den letzten Jahren stark zugenommen. Immer noch beliebt sind die persönlichen

....(7), denn 71 % der Deutschen besuchen regelmäßig ....(8)

oder empfangen ....(9). Weitere Freizeittätigkeiten sind: Kochen, Spazieren gehen,

Fotografieren, Bücher lesen und ....(10) treiben.

A6 Phonetik: Schwierige Wörter (Komposita)
Hören und wiederholen Sie.

Freizeit – Freizeitaktivität – Freizeittätigkeit
Fernsehen – Spitzenplatz – Radiohören – Zeitschrift – Internetrecherche – Netzwerke

→ Der Wortakzent bei Komposita ist links.

Medien bestimmen die Freizeitaktivitäten. – Den Spitzenplatz belegt das Fernsehen. – Sehr beliebt sind Radiohören und das Lesen von Zeitschriften. – Viele Menschen surfen regelmäßig im Internet und kommunizieren in
sozialen Netzwerken.

A7 Etwas über sich selbst erzählen
Arbeiten Sie zu zweit. Wählen Sie eine Karte und berichten Sie über das Thema.

A8 Was mögen oder können Sie?
Beantworten Sie die folgenden Fragen.

Denken Sie an Ihre Freizeit.

- Was mögen Sie? Was mögen Sie nicht?
- Was können Sie gut? Was können Sie nicht gut?
- Was wollen Sie dieses Jahr unbedingt noch machen?

Denken Sie an das nächste Wochenende.

- Was müssen Sie machen?
- Was sollen Sie machen? (im Auftrag einer anderen Person)
- Was möchten Sie gern machen?
- Was dürfen Sie nicht machen?

 A9 **Modalverben**

a) Ergänzen Sie. *(Wiederholung)*

⇨ Teil C Seite 53

	können	müssen	sollen	wollen	dürfen	mögen	möchte(n)
ich	....	....	*soll*	....	....	....	....
du	....	....	....	....	....	....	....
er/sie/es	....	....	....	....	....	....	....
wir	*können*	....	....	*wollen*	....	....	*möchten*
ihr	....	*müsst*	....	....	....	*mögt*	....
sie/Sie	*können*	....	*sollen*	*wollen*	*dürfen*	....	....

b) Lesen Sie die Sätze und ordnen Sie die passende Bedeutung zu.

> Fähigkeit ▪ Notwendigkeit ▪ Auftrag ▪ Wunsch ▪ Erlaubnis ▪ Vorliebe ▪ Absicht

- ▪ Ich kann sehr gut Gitarre spielen.   *Fähigkeit*
1. Ich muss jeden Tag üben. ....
2. Darf man hier parken? ....
3. Wann willst du mit John Tennis spielen? ....
4. Ich möchte mir den neuen Krimi von Jörg Maurer kaufen. ....
5. Ich mag keine Krimis. ....
6. Mein Arzt hat gesagt, ich soll mehr Sport treiben. ....

Musik

 A10 **Dialog**

a) Ergänzen Sie in dem Dialog die passenden Modalverben in der richtigen Form. Arbeiten Sie zu zweit.

> mögen (3 ×) ▪ müssen (3 ×) ▪ möchte(n) ▪ können (2 ×) ▪ wollen

Eddi: Ich habe noch eine Karte für das Konzert von Max Raabe.
        Maria ....(1) nicht mit ins Konzert kommen, sie ist krank.

Anna: Wann ist das Konzert?

Eddi: Morgen. Es beginnt um 20.00 Uhr.

Anna: Das tut mir leid. Morgen ....(2) ich wirklich nicht mit dir ins Konzert gehen.

Eddi: ....(3) du die Musik von Max Raabe nicht?

Anna: Doch, ich ....(4) die Musik. Aber ich ....(5) morgen lernen.

Eddi: Warum ....(6) du lernen?

Anna: Ich habe am Mittwoch eine Prüfung und ich ....(7) eine gute Note bekommen.

Eddi: Dann ....(8) ich alleine gehen.

Anna: Frag doch mal Florian. Florian hat seine Prüfung schon letzte Woche gemacht und er ....(9) Max Raabe, das weiß ich. Er ....(10) bestimmt mitgehen.

Eddi: Das mache ich. Danke für den Tipp.

 b) Lesen Sie den Dialog laut. Tauschen Sie die Rollen. Hören Sie zur Kontrolle den Dialog.

A11 **Musikinstrumente**
Welche Musikinstrumente hören Sie gern? Spielen Sie ein Instrument? Berichten Sie.

> die Gitarre ▪ die Geige ▪ der Kontrabass ▪ die Trompete ▪ das Saxofon ▪ das Klavier ▪ das Schlagzeug

○ Ich habe in der Schule … gespielt. … habe ich damit aufgehört.
○ Ich hatte… Jahre (Klavier)-Unterricht.
○ Im Gymnasium habe ich in einer Band gespielt. Ich fand das toll.
○ Im Moment habe ich für die Musik leider keine Zeit.
○ In meiner Freizeit spiele ich manchmal Saxofon. Das entspannt mich.

A12 **Interview**
a) Fragen Sie zwei Kursteilnehmer und notieren Sie die Antworten.

1. Hören Sie oft Musik?
   A ....
   B ....

2. Welche Musik mögen Sie? *(Jazz, Rock, elektronische Musik, klassische Musik, Partymusik zum Mitsingen …)*
   A ....
   B ....

3. Gehen Sie manchmal in Konzerte?
   A ....
   B ....

4. Mögen Sie Opern? Waren Sie schon einmal in einer Oper?
   A ....
   B ....

5. Kennen Sie die Musik von Wolfgang Amadeus Mozart?
   A ....
   B ....

b) Berichten Sie.
○ Alena hört oft Musik. Sie mag …

A13 **Wolfgang Amadeus Mozart**
Lesen und hören Sie den folgenden Text. Einige Verben stehen im
Perfekt, einige im Präteritum. Ergänzen Sie rechts die Verben im Infinitiv.

Kennen Sie Musik von Wolfgang Amadeus Mozart? Die Oper „Die Zauberflöte" oder die Serenade „Eine kleine Nachtmusik"? Manche Leute sagen,
Mozart ist das größte Geschenk der österreichischen Kultur.

Doch wer <u>war</u> Mozart und wie <u>lebte</u> er? Hier sind einige Stationen aus

5 seinem Leben.

sein/leben

Wolfgang Amadeus Mozart wurde 1756 in Salzburg geboren. Seine Eltern
<u>hatten</u> insgesamt sieben Kinder, nur zwei Kinder <u>überlebten</u>: Wolfgang und ....
seine ältere Schwester Nannerl. Der ehrgeizige Vater Leopold <u>unterrichtete</u> ....
die Kinder früh in Musik. Wolfgang war sehr begabt, er war bald ein Kinder-
10 star. Er <u>spielte</u> vor Kaiserin Maria Theresia und König George Klavier. ....

Alle waren begeistert. Wolfgang reiste mit seiner Familie nach Amsterdam, ...

Brüssel und Paris und gab dort mit großem Erfolg Konzerte. Nebenbei ....

komponierte Wolfgang noch. Mit elf Jahren hatte er schon 50 Musikstücke ....

fertig, mit zwölf schrieb er seine erste Oper. 1770 konnte er in Mailand sein ....

15 Operndebüt feiern.

In den Opernhäusern war es früher wie heute auf dem Fußballplatz. Es gab

verschiedene Fangruppen: Jede Gruppe hat ihren Lieblingssänger oder

ihre Lieblingssängerin mit Rufen unterstützt. Das war ein lauter Musikspaß

und die Musik selbst musste gegen den Lärm der Zuschauer kämpfen. Die ....

20 Opern von Mozart gewannen diesen Kampf. ....

Heute hat sich in der Oper vieles verändert: Man darf nicht mehr rufen,

nicht reden, nicht einmal husten!

Von 1772 bis 1777 lebte Mozart in Salzburg. Er hatte eine feste Arbeit beim

Erzbischof Hieronymus Colloredo. Nach dem Tod seiner Mutter 1778 in

25 Paris zog Mozart 1781 nach Wien um. In Wien begann er seine Karriere als ....

freier Künstler. Wien hatte zu dieser Zeit eine Oper, Theater und Konzert-

hallen, es war eine Metropole der Musik. Seine Oper „Die Entführung aus

dem Serail" war 1781 ein Bombenerfolg! 1782 heiratete Mozart Constanze ....

Weber. Seinen Vater lud er zu seiner Hochzeit nicht ein. Wolfgang und ....

30 Constanze bekamen sechs Kinder, nur zwei Kinder überlebten. ....

Mozart verdiente mit seinen Opern ....

viel Geld. Doch er trank viel und er ....

verspielte sein Geld bei Gesellschafts- ....

oder Kartenspielen. Seine Schulden

35 waren oft größer als sein Einkommen.

Zwischen 1787 und 1791 verlor ....

das Publikum in Wien das Interesse

an Mozarts Musik. Erst 1791 war er

wieder erfolgreich. Seine letzte Oper

40 war „Die Zauberflöte". Am 5. Dezem-

ber 1791 starb Wolfgang Amadeus ....

Mozart an einer plötzlichen Krankheit

in Wien.

A14 Informationen aus dem Text
Was ist richtig, was ist falsch? Kreuzen Sie an.

		richtig	falsch
1.	Mozart besuchte keine Schule.	☐	☐
2.	Wolfgang war nicht sehr musikalisch. Er musste sehr viel üben.	☐	☐
3.	Wolfgang komponierte schon als Kind.	☐	☐
4.	In Wien verdiente Wolfgang sein Geld als freier Künstler.	☐	☐
5.	Er lebte sehr sparsam.	☐	☐
6.	Mozart hatte mit seiner Musik nur Erfolge.	☐	☐

A15 **Textarbeit**

Ergänzen Sie die Informationen aus dem Text. Bringen Sie die Sätze danach in die richtige Reihenfolge.

1. ☐ Wolfgang war sehr ...., er war bald ein Kinderstar.

2. ☐ *1* Wolfgang Amadeus Mozart wurde *1756* in Salzburg geboren.

3. ☐ Mit .... schrieb er seine erste Oper.

4. ☐ Seine Oper „Die Entführung aus dem Serail" war 1781 ein ....!

5. ☐ 1782 .... Mozart Constanze Weber.

6. ☐ 1770 konnte er in .... sein Operndebüt feiern.

7. ☐ Seine Eltern hatten insgesamt .... Kinder, nur zwei Kinder ....

8. ☐ Von 1772 bis 1777 lebte Mozart in ....

9. ☐ Zwischen 1787 und 1791 verlor das Publikum in Wien das .... an Mozarts Musik.

10. ☐ 1781 .... Mozart nach Wien ....

11. ☐ Seine .... Oper war „Die Zauberflöte".

12. ☐ Am 5. Dezember 1791 ist Wolfgang Amadeus Mozart in .... gestorben.

13. ☐ In Wien .... Mozart mit seinen Opern viel Geld.

Vergangenheit der Verben

⇨ Teil C Seite 58

	Perfekt	Präteritum
Bildung:	Ich habe Andreas im Krankenhaus besucht.	Mozart besuchte keine Schule.
	Paula hat gestern geheiratet.	Mozart heiratete Constanze Weber.
Verwendung:	mehr mündlich, schriftlich in informellen Texten	mehr schriftlich (ein Bericht/eine Geschichte in der Zeitung)

haben, sein und Modalverben

	Perfekt	Präteritum
Bildung:	Wir haben Erfolg gehabt.	Wir hatten Erfolg.
	Ich bin in Spanien gewesen.	Ich war in Spanien.
	Ich habe nicht kommen können.	Ich konnte nicht kommen.
Verwendung:	selten	oft

A16 **Verben im Präteritum**

Suchen Sie die Verben im Präteritum aus A13. Welche Verben sind regelmäßig, welche unregelmäßig?

regelmäßige Verben	unregelmäßige Verben
er lebte, ...	*er war,* ....
....	....
....	....
....	....
....	....
....	....

 A17 **Wie lebte Mozart?**
Setzen Sie die Sätze ins Präteritum.

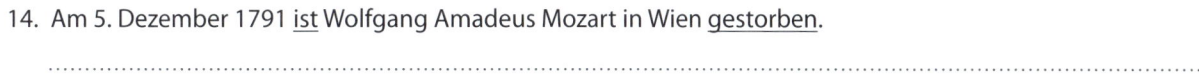

■ Wie <u>hat</u> Mozart <u>gelebt</u>?
Wie lebte Mozart?

1. Vater Leopold <u>hat</u> Mozart früh in Musik <u>unterrichtet</u>.
   ....

2. Er <u>hat</u> schon als Kind vor Kaiserin Maria Theresia Klavier <u>gespielt</u>.
   ....

3. Wolfgang <u>ist</u> mit seiner Familie nach Amsterdam, Brüssel und Paris <u>gereist</u>.
   ....

4. Dort <u>hat</u> er mit großem Erfolg Konzerte <u>gegeben</u>.
   ....

5. Mit zwölf <u>hat</u> er seine erste Oper <u>geschrieben</u>.
   ....

6. Von 1772 bis 1777 <u>hat</u> Mozart in Salzburg <u>gelebt</u>.
   ....

7. Nach dem Tod seiner Mutter <u>ist</u> Mozart 1781 nach Wien <u>umgezogen</u>.
   ....

8. In Wien <u>hat</u> er seine Karriere als freier Künstler <u>begonnen</u>.
   ....

9. 1782 <u>hat</u> er Constanze Weber <u>geheiratet</u>.
   ....

10. Wolfgang und Constanze <u>haben</u> sechs Kinder <u>bekommen</u>, nur zwei Kinder <u>haben überlebt</u>.
    ....

11. Mozart <u>hat</u> mit seinen Opern viel Geld <u>verdient</u>.
    ....

12. Doch er <u>hat</u> viel <u>getrunken</u> und er <u>hat</u> sein Geld <u>verspielt</u>.
    ....

13. Zwischen 1787 und 1791 <u>hat</u> das Publikum in Wien das Interesse an Mozarts Musik <u>verloren</u>.
    ....

14. Am 5. Dezember 1791 <u>ist</u> Wolfgang Amadeus Mozart in Wien <u>gestorben</u>.
    ....

A18 **Berühmte Musiker in Ihrem Heimatland**
Berichten Sie über einen berühmten Musiker, Komponisten, Sänger oder eine berühmte Band.

○ In meinem Heimatland gibt es/gab es *(einen berühmten Sänger/eine berühmte Sängerin …)*
○ Er/Sie komponiert/komponierte/singt/sang/spielt/spielte …
○ Er/Sie ist … Jahre alt/ist … gestorben.
○ Er/Sie kommt/kam aus …
○ Er/Sie ist/war verheiratet mit …
○ Er/Sie hat schon Konzerte gegeben in …
○ Ich war … in einem Konzert. Das Konzert war sehr gut/wunderbar/überwältigend.

 A19 | ## Jeder mag etwas anderes

Suchen Sie für jedes Mitglied der Familie Feuerstein eine Freizeitveranstaltung am Sonntag.

1. Jan möchte einen Actionfilm sehen.
2. Martina möchte in die Disco.
3. Mutter Heidi will sich Gemälde ansehen.
4. Vater Conrad sieht gern Fußballspiele.
5. Opa mag die „Beatles".
6. Oma möchte unbedingt in die Oper.
7. Tante Claudia interessiert sich für Fotografie.

1

„Der Ball ist rund"

Vortrag zum Thema:
„Die soziale Funktion des Fußballs"

von Prof. Werner Köpf
in der Aula der Volkshochschule

Samstag,
19.00 – 21.00 Uhr

2

MUSEUM FÜR MODERNE KUNST

Öffnungszeiten:
Mo.–So. 10.00–19.00 Uhr

Eintrittspreis:	7,50 Euro
Studenten:	5,00 Euro
sonntags:	1,00 Euro

3

CLUB ★ 16

Neueröffnung

Tanzen bis 5.00 Uhr morgens
im „Club 16"

Einweihungsparty am Samstag –
nur auf Einladung

Ab Sonntag:
Eintritt für alle ab 15 Euro

4

THE BEATLES

Privates Beatlesmuseum eröffnet

25 Stücke von John, Paul, George und Ringo sind
am Sonntag zu sehen in einem kleinen Museum in Siegen.
Termine nach Absprache, Eintrittspreis: 2,00 €

6

Mode heute

Modefotos als Kunst

Fotomuseum
Öffnungszeiten:
Di.–So.: 14.00–18.00 Uhr
Eintritt: 5,00 Euro für alle

5

„Mord im Königspalast"
der Superactionspaß aus England

Regina-Filmpalast ab heute

„Das Wunder von Bern"
ein Film über die Fußballweltmeisterschaft 1954

7

WAHL ZUR MISS GERMANY

in der Grugahalle in Essen
am Sonntag, dem 6. März

Beginn: 17.00 Uhr
Eintritt: ab 50,– €
Karten an der Abendkasse

8

Mozart in Salzburg

**Ein Kammerspiel von Otto Hahn
im Schauspielhaus**

Karten an der Abendkasse ab 27 Euro
immer dienstags und sonntags
Beginn 19.30 Uhr

9

Die Sonntagsvorstellung:
Die Große Oper am Opernplatz präsentiert:

Die Zauberflöte
von W. A. Mozart

Beginn: 13.00 Uhr, Ende: 17.00 Uhr
Für Studenten: Eintritt frei

A20 | ## Nach Informationen fragen

Spielen Sie Telefongespräche.

1. Rufen Sie im Museum für moderne Kunst an und fragen Sie nach Öffnungszeiten und Eintrittspreisen.

2. Rufen Sie im Fotomuseum an und fragen Sie nach Öffnungszeiten, Eintrittspreisen und der Dauer der Ausstellung „Mode heute".

3. Rufen Sie im Regina-Filmpalast an und fragen Sie nach Filmangebot, Zeiten und Preisen. Reservieren Sie zwei Karten für einen Film.

- Wann ist das Museum geöffnet?
- Wann schließt das Museum?
- Ist das Museum auch am … geöffnet?
- Wie viel kostet eine Eintrittskarte?
- Wie lange geht die Ausstellung „Mode heute" noch?
- Welche Filme zeigen Sie?
- Welche Filme stehen auf dem Programm?
- Wann beginnt der Film? …

A21 Telefonische Mitteilungen

a) Sie hören verschiedene Nachrichten auf der Mailbox.
Beantworten Sie die Fragen. Was ist richtig? Kreuzen Sie an.

1. Warum kommt Oskar nicht mit ins Konzert?

   a) ☐ Er ist krank.
   b) ☐ Er mag keine Musik.
   c) ☐ Er will Susanne den Platz nicht wegnehmen.

2. Warum ruft Kathrin Jan an?

   a) ☐ Sie hat Karten für den neuen James-Bond-Film.
   b) ☐ Sie will mit ihm den neuen James-Bond-Film sehen.
   c) ☐ Sie hat keine Kinokarten mehr bekommen.

3. Was möchte Gudrun?

   a) ☐ Sie will im Internet nach Konzertterminen der Band Rammstein suchen.
   b) ☐ Sie will im Internet Karten für das Rammstein-Konzert bestellen.
   c) ☐ Sie will mit Martin zu Hause Musik von Rammstein hören.

4. Was soll Frau Köhler machen?

   a) ☐ Die Theaterkarten nach 19.00 Uhr an der Abendkasse abholen.
   b) ☐ Die Theaterkarten bis 19.00 Uhr an der Abendkasse abholen.
   c) ☐ Ihre Theaterkarte in den freien Verkauf geben.

b) Ergänzen Sie die passenden Verben.

| ansehen ▪ bestellen ▪ gehen ▪ mitnehmen ▪ abholen ▪ interessieren ▪ liegen |

1. Ich kann heute Abend nicht mit dir ins Konzert ....

2. Vielleicht kannst du deine Schwester ....?

   Susanne .... sich sehr für Musik.

3. Wollen wir uns den Film zusammen ....?

4. Soll ich für dich auch eine Karte ....?

5. Ihre Karten für die Theatervorstellung .... an der Abendkasse.

6. Bitte .... Sie die Karten eine Stunde vor Beginn der Vorstellung ....

A22 Phonetik: Vokal – e [eː] [ɛ] [ə]
Hören und wiederholen Sie.

leben – langes e [eː]

Man spricht das *e* lang: langes *e* vor -*h* und/oder einem Konsonanten sowie -*ee*.

nehmen – leben – geben – gehen – sehen – Paket – empfehlen – Tee – Beeren – jeder

kennen – kurzes e [ɛ]

Man spricht das *e* kurz: kurzes *e* vor mehr als einem Konsonanten.

kennen – rechnen – essen – lernen – Rechnung – Restaurant – Geld – Adresse

schreiben – unbetontes e [ə]

In der Alltagssprache spricht man das unbetonte *e* in Endsilben (-*en*) oft gar nicht.

schreiben – spielen – laufen – kaufen – bleiben – trinken – Tasse – Kunde – meine Adresse

Übung:

Wir können nichts kaufen, wir haben kein Geld.
Ich lebe in Wien und gehe jeden Tag ins Restaurant.
Ich gebe dir meine Adresse.

A23 Fotografieren

38,8 Prozent der Deutschen fotografieren regelmäßig. Sie auch?
Fragen Sie Ihre Nachbarin/Ihren Nachbarn und berichten Sie.

1. Fotografieren Sie gern?
   a) ☐ Ja.
   b) ☐ Nein.
   c) ☐ Ja, aber nur manchmal.

2. Was fotografieren Sie lieber: Menschen, Gebäude oder Landschaften?
   a) ☐ Menschen.
   b) ☐ Gebäude.
   c) ☐ Landschaften.

3. Fotografieren Sie oft Freunde oder Familienmitglieder?
   a) ☐ Nein.
   b) ☐ Ja, aber nicht gern.
   c) ☐ Ja, natürlich.

4. Fotografieren Sie mit dem Handy oder mit einer Kamera?
   a) ☐ Mit einer Digitalkamera.
   b) ☐ Mit einer analogen Kamera.
   c) ☐ Mit dem Handy.

5. Was machen Sie mit Ihren Fotos?
   a) ☐ Ich drucke sie aus.
   b) ☐ Ich speichere sie digital.
   c) ☐ Ich poste sie in sozialen Netzwerken.

6. Wie oft sehen Sie sich diese Fotos an?
   a) ☐ Sehr oft.
   b) ☐ Selten.
   c) ☐ Nie.

7. Wem zeigen Sie Ihre Fotos?
   a) ☐ Meinen Arbeitskollegen.
   b) ☐ Freunden und meiner Familie.
   c) ☐ Niemandem.

8. Haben Sie Lieblingsbilder?
   a) ☐ Ja, sehr viele.
   b) ☐ Ja, einige.
   c) ☐ Nein, keine.

9. Mögen Sie Fotos von sich selbst?
   a) ☐ Ja.
   b) ☐ Ja, aber nur Kinderbilder.
   c) ☐ Nein.

10. Haben Sie schon einmal eine berühmte Person fotografiert, z. B. einen Musiker/eine Musikerin oder einen Politiker/eine Politikerin?
    a) ☐ Ja, schon oft.
    b) ☐ Ja, einmal.
    c) ☐ Nein, noch keinen/keine.

○ Meine Nachbarin/Mein Nachbar fotografiert gern …

Negation	⇨ Teil C Seite 61
Nomen	Ich fotografiere keine Menschen.
Verb	Ich fotografiere nicht. Ich kann nicht fotografieren.
Adjektiv	Ich fotografiere nicht gut.

A24 Negation

Ergänzen Sie *nicht* oder *kein-*.

1. Ich nehme .... Fotoapparat mit.

2. Hier darf man .... fotografieren.

3. Das Konzert hat mir .... gefallen.

4. Ich habe .... Kinokarten mehr bekommen.

5. Ich fand die Ausstellung .... interessant.

6. Nein danke, ich möchte .... Kaffee mehr.

Kino

 Filme
Berichten Sie.

> Krimis ▪ Komödien ▪ Science-Fiction-Filme ▪ romantische Filme ▪ Actionfilme ▪ Dokumentarfilme ▪ Zeichentrickfilme ▪ Dramen ▪ historische Filme

- Gehen Sie gern/oft ins Kino?
- Welche Filme sehen Sie am liebsten?
- Sehen Sie mehr amerikanische/ausländische Filme oder Filme aus Ihrem Heimatland?
- Haben Sie einen Lieblingsschauspieler/eine Lieblingsschauspielerin?
- Wann waren Sie zum letzten Mal im Kino? Was haben Sie gesehen?

 Kinoprogramm
Lesen Sie das Kinoprogramm des Berliner Film-Palastes.

Grounding

Regie: Michael Steiner

Der Untergang der Swissair am 2. Oktober 2001 hat in der Schweiz Nationalgeschichte geschrieben. Der Film arbeitet mit Dokumentar- und Spielfilmszenen und macht aus dem Bankrott der Schweizer Fluggesellschaft ein spannendes Wirtschaftsdrama.

Mo.–Do. 13.00 Uhr, 18.30 Uhr, 21.45 Uhr, Sa. 21.30 Uhr

Sommer vorm Balkon

Regie: Andreas Dresen

Zwei Freundinnen, Katrin und Nike, wohnen in Berlin. Es ist Sommer und sie verbringen ihre Zeit auf dem Balkon. Katrin und Nike beobachten die Menschen. Ob Jung oder Alt, alle fragen sich das Gleiche: Wie lange dauert die Liebe? Sommer vorm Balkon ist ein Film mit viel Wärme und Humor. Er gibt mal komische, mal tragische Antworten auf diese wichtige Frage.

Täglich um 17.30 Uhr, 22.00 Uhr

M – Eine Stadt sucht einen Mörder

Regie: Fritz Lang

Berlin 1931 – eine Stadt in Angst. Ein psychopathischer Kindermörder lebt in der Stadt. Die Polizei sucht ihn seit Monaten, aber ohne Erfolg ... Regisseur Fritz Lang ließ sich durch eine echte Mordserie in den Zwanzigerjahren zu diesem Film inspirieren. Experten wählten diesen Film 1995 zum wichtigsten deutschen Film des vergangenen Jahrhunderts.

Fr., Sa., So. 18.30 Uhr, 22.15 Uhr

Auf der Suche nach Mozart

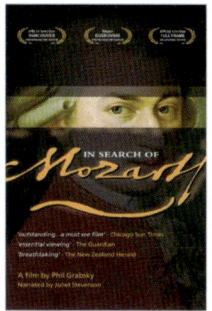

Regie: Phil Grabsky

Die Musik von Wolfgang Amadeus Mozart ist mehr als 200 Jahre alt und sie fasziniert immer noch die meisten Musiker. Dieser Dokumentarfilm über den größten österreichischen Komponisten erzählt seine Biografie und zeigt Interviews mit berühmten Musikern. Er sucht eine Antwort auf die Frage: Woher kommt die Faszination von Mozarts Musik?

Fr., So. 20.00 Uhr

Bella Martha

Regie: Sandra Nettelbeck

Martha ist Chefköchin in einem französischen Restaurant in Norddeutschland. Sie ist schön, ledig, kinderlos und hat nur ein Interesse: das Kochen. Aber eines Tages bringen ein kleines deutsches Mädchen und ein italienischer Mann ihr Leben durcheinander.

Di., Mi., Sa. 15.30 Uhr, 19.45 Uhr

A27 Filminhalte

Wovon handeln die Filme? Ordnen Sie zu.

etwas handelt von + Dativ

Der Film	handelt …
(1) *Grounding*	(a) von einem Kindermörder.
(2) *Sommer vorm Balkon*	(b) vom Untergang der Swissair.
(3) *M – Eine Stadt sucht einen Mörder*	(c) von der Dauer der Liebe.
(4) *Auf der Suche nach Mozart*	(d) vom Leben einer Köchin.
(5) *Bella Martha*	(e) von der Faszination der Musik von Mozart.

A28 Informationen aus dem Text

Was ist richtig, was ist falsch? Kreuzen Sie an.

	richtig	falsch
1. *Grounding* ist ein Dokumentarfilm über die Swissair.	☐	☐
2. Das Thema in *Sommer vorm Balkon* ist die Liebe.	☐	☐
3. Das Leben der Köchin in *Bella Martha* verändert sich.	☐	☐
4. *Auf der Suche nach Mozart* ist ein Spielfilm über Mozarts Leben.	☐	☐
5. Der Film von Fritz Lang aus dem Jahre 1931 erzählt eine wahre Geschichte.	☐	☐

A29 Filmauswahl

Wählen Sie für sich selbst und für Ihre Nachbarin/Ihren Nachbarn einen Film aus A26 aus.
Begründen Sie kurz Ihre Meinung.

- ○ Ich gehe in den Film …/Ich sehe mir den Film … an./Mich interessiert der Film …
- ○ Ich habe für meine Nachbarin/meinen Nachbarn den Film … ausgesucht/ausgewählt.
- ○ Dieser Film gefällt ihr/ihm bestimmt, denn …
- ○ Diesen Film findet sie/er bestimmt interessant, denn …

A30 Kino-Wortschatz

a) Welcher Beruf passt nicht zum Film?

Regisseur ▪ Schauspieler ▪ Maler ▪ Autor ▪ Komponist ▪ Kameramann ▪ Produzent

b) Finden Sie das Gegenteil.

Klassiker ▪ wenig ▪ läuft ▪ selten ▪ Dokumentarfilm ▪ Ausland

1. Spielfilm ....
2. ein neuer Film ein ....
3. oft ins Kino gehen .... ins Kino gehen
4. ein Film aus meinem Heimatland ein Film aus dem ....
5. der Film hatte viele Zuschauer der Film hatte .... Zuschauer
6. der Film ist schon zu Ende der Film .... noch

A31 Gespräch

Lesen Sie den Dialog und ergänzen Sie die Reflexivpronomen. Arbeiten Sie zu zweit.
Hören Sie den Text danach zur Kontrolle.

Georg:	Hallo Sonja. Wollen wir heute ins Kino gehen?
Sonja:	Ins Kino? Was für ein Film läuft <u>denn</u> im Kino?

denn → man zeigt Interesse

Georg:	Es läuft ein neuer Krimi: Der Mörder von Baden-Baden.
Sonja:	Oh, ein neuer Krimi von Edgar Grusel! Der Film interessiert ....!
Georg:	Dann treffen wir .... 20.00 Uhr vor dem Kino.
Sonja:	20.00 Uhr schon? Wie spät ist es jetzt?
Georg:	Es ist 19.00 Uhr. Du hast noch eine Stunde Zeit.
Sonja:	Eine Stunde ist zu wenig. Ich muss .... noch duschen, föhnen und schminken. Und ich muss .... auch noch umziehen.
Georg:	Ich muss .... auch noch umziehen, das dauert aber keine Stunde!
Sonja:	Männer ziehen .... schneller um als Frauen. Aber gut. Ich beeile .... Ich freue .... schon auf den Film.
Georg:	Ich .... auch. Bis dann.
Sonja:	Ja, tschüss, bis dann.

A32 Ins Kino gehen

Spielen Sie kurze Dialoge.

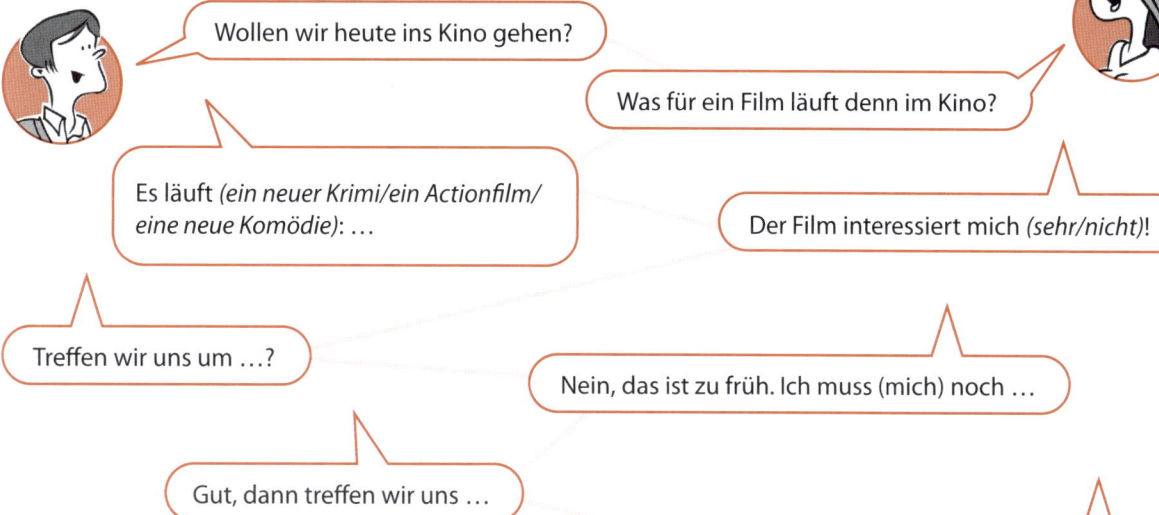

Wollen wir heute ins Kino gehen?

Was für ein Film läuft denn im Kino?

Es läuft (*ein neuer Krimi/ein Actionfilm/ eine neue Komödie*): …

Der Film interessiert mich (*sehr/nicht*)!

Treffen wir uns um …?

Nein, das ist zu früh. Ich muss (mich) noch …

Gut, dann treffen wir uns …

Ja, ich freue mich schon auf den Film.

Ich mich auch.

A33 Schriftlicher oder mündlicher Ausdruck

Schreiben Sie eine kurze E-Mail oder berichten Sie mündlich über Ihr letztes Wochenende.

- Haben Sie einen Film gesehen/ein Buch gelesen? Wenn ja, erzählen Sie darüber.
- Haben Sie Sport getrieben? Wenn ja, was?
- Sind Sie irgendwohin gefahren?
- Haben Sie vielleicht ein Instrument gespielt, getanzt oder gesungen?
- Haben Sie sich mit Freunden getroffen? Was haben Sie zusammen gemacht?
- Haben Sie etwas Leckeres gegessen/getrunken?
- Haben Sie ein Museum oder ein Konzert besucht? Was haben Sie gesehen/gehört?

Wissenswertes (*fakultativ*)

B1 **Mögen Sie Krimis?**

a) Wer, glauben Sie, schrieb den ersten Krimi? Berichten Sie.

b) Schlagen Sie im Wörterbuch die folgenden Wörter nach:
der Mord – die Ermordung – das Verbrechen – der Beweis – der Zeuge – die Aufklärung

c) Lesen und hören Sie den folgenden Text.

Wer schrieb den ersten Krimi?

Geschichten von Mord und anderen Verbrechen gab es schon immer. Wissenschaftler verweisen in diesem Zusammenhang gerne auf die Bibel. Die Bibel erzählt schon auf ihren ersten Seiten eine Kriminal-
5 geschichte: Die Ermordung Abels durch seinen Bruder Kain. Der richtige Kriminalroman, oder besser gesagt: Detektivroman, ist noch nicht so alt.

Als der wirklich erste Krimi gilt eine Erzählung des Amerikaners Edgar Allan Poe: „Der Doppelmord in
10 der Rue Morgue". Das Buch erschien 1841. In dieser Erzählung fanden die Leser zum ersten Mal das Grundmotiv des klassischen Kriminalromans: Ein Privatdetektiv klärt ein Verbrechen auf.

Edgar Allan Poe

15 Mit seinem Sherlock Holmes führte der englische Schriftsteller Arthur Conan Doyle ab 1887 diese Entwicklung weiter. Und er erfand eine bis heute sehr beliebte Variante. Er schenkte dem
20 Detektiv einen Freund: Dr. Watson. Der nächste bedeutende Schritt in der Geschichte der Kriminalromane waren die Bücher von George Simenon aus Belgien. Von jetzt an suchten staatliche
25 Polizisten (Kommissar Maigret) die Mörder und Verbrecher.

Bleibt die Frage: Warum gab es nicht schon früher Detektivgeschichten? Die Antwort ist sehr einfach. Erst ab Mitte des 19. Jahrhunderts spielten die Be-
30 weise bei der Jagd nach Verbrechern eine Rolle, vorher waren es hauptsächlich die Aussagen von Zeugen. Mit den Beweisen begann die Arbeit für Detektive und Kriminologen.

Heute gehören Detektivgeschichten zu den meistge-
35 lesenen Büchern und seit der Anfangszeit des Films gibt es diese Geschichten auch im Kino. Zwei Dinge faszinieren die Zuschauer beim Krimi: das Verbrechen selbst und die Auf-klärung, der Kampf zwischen Gut
40 und Böse.

Im Fernsehen jagen fast jeden Abend mutige Polizisten böse Verbrecher. Deutsche Polizei- und Krimiserien zählen zu den wichtigsten Exportpro-
45 dukten. Vor vielen Jahren durfte der deutsche Hauptkommissar Derrick in ca. 40 Ländern Verbrechen aufklären, natürlich nur im Fernsehen. Heute heißen die Krimiserien „Tatort" oder
50 „SOKO" und man kann sie auch im Ausland sehen.

B2 **Informationen aus dem Text**
Was ist richtig? Kreuzen Sie an: *a, b* oder *c.*

1. Wann konnte man den ersten Krimi kaufen?
   a) ☐ 1887   b) ☐ 1841   c) ☐ Mitte des 19. Jh.

2. Was ist das Grundmotiv des klassischen Kriminalromans?
   a) ☐ Ein Mord.   b) ☐ Ein Detektiv klärt ein Verbrechen auf.   c) ☐ Ein Kommissar sucht einen Freund.

3. Was war neu in den Büchern von George Simenon?
   a) ☐ Ein Privatdetektiv sucht Beweise.   b) ☐ Ein Polizist (Kommissar) sucht einen Verbrecher.   c) ☐ Die Geschichte spielt in Belgien.

4. Warum gab es im 17. Jahrhundert noch keine Detektivgeschichten?
   a) ☐ Es gab keine Mörder.   b) ☐ Es gab keine Polizei.   c) ☐ Beweise waren bei der Suche nach Verbrechern nicht wichtig.

B3 Krimi-Wortschatz

a) Wörter aus dem Text

- der Krimi (Kurzform) = die Kriminalgeschichte – die Detektivgeschichte – der Kriminalroman – der Detektivroman
- der Mord – der Mörder/die Mörderin (die Mörder) – die Ermordung [Abels]
- das Verbrechen – der Verbrecher/die Verbrecherin (die Verbrecher)
- der Detektiv – der Privatdetektiv – der Kommissar/die Kommissarin – Verbrecher suchen/jagen – die Suche/die Jagd nach Verbrechern – Verbrechen aufklären – die Aufklärung eines Verbrechens – Beweise spielen eine wichtige Rolle (*Sg.*: der Beweis) – die Aussagen von Zeugen (*Sg.*: der Zeuge/die Zeugin)

b) Weitere Wörter

Welche Wörter passen zu Straftat Nummer 1, 2 und 3? Welche Wörter passen zu *Polizei*?

der Einbruch ▪ der Diebstahl ▪ der Banküberfall ▪ das Verhör ▪ der Dieb/die Diebin ▪ etwas stehlen ▪ einbrechen (z. B. in ein Geschäft) ▪ einen Täter/eine Täterin festnehmen/verhaften ▪ einen Täter verhören

Straftat 1:   Jemand hat eine Bank überfallen.

....

Straftat 2:   Jemand hat aus meiner Handtasche mein Portemonnaie gestohlen.

....

Straftat 3:   Jemand ist in ein Haus eingebrochen.

....

Polizei: ....

c) Ergänzen Sie die Artikel. Welches Wort hat einen anderen Artikel?

- *die*   Polizistin – Verbrecherin – Zeugin – Kommissar   *der Kommissar*
1. ....   Verbrecher – Polizei – Mörder – Detektiv   ....
2. ....   Film – Roman – Serie – Krimi   ....
3. ....   Aufklärung – Motiv – Verhör – Verbrechen   ....
4. ....   Einbruch – Straftat – Diebstahl   ....

B4 Textarbeit

Ergänzen Sie die Verben im Präteritum.

1. Geschichten von Mord und anderen Verbrechen .... es schon immer. *(geben)*
2. Der wirklich erste Krimi .... „Der Doppelmord in der Rue Morgue". Er .... 1841. *(sein/erscheinen)*
3. In dieser Erzählung .... die Leser zum ersten Mal das Grundmotiv des klassischen Kriminalromans: Ein Privatdetektiv klärt ein Verbrechen auf. *(finden)*
4. Der englische Schriftsteller Arthur Conan Doyle .... ab 1887 diese Entwicklung .... *(weiterführen)*
5. Er .... eine sehr beliebte Variante. Er .... Sherlock Holmes einen Freund: Dr. Watson. *(erfinden/schenken)*
6. In den Büchern von George Simenon .... Kommissar Maigret Mörder und Verbrecher. *(suchen)*
7. Warum .... es nicht schon früher Detektivgeschichten? *(geben)*
8. Erst ab Mitte des 19. Jahrhunderts .... die Beweise bei der Jagd nach Verbrechern eine Rolle und damit .... die Arbeit für Detektive und Kriminologen. *(spielen/beginnen)*

B5 Gut und böse

Wie heißt das Gegenteil? Ordnen Sie zu.

> unwichtige ▪ feige ▪ unbeliebter ▪ böser ▪ dumme ▪ langweilige ▪ schwere ▪ letzte ▪ ungelöste

■	der gute Polizist	ein	*böser* Verbrecher
1.	der kluge Detektiv	der	.... Einbrecher
2.	das spannende Buch	das	.... Buch
3.	der erste Krimi des Autors	der	.... Krimi des Autors
4.	der aufgeklärte Fall	der	.... Fall
5.	eine wichtige Rolle	eine	.... Rolle
6.	ein beliebter Kommissar	ein	.... Kommissar
7.	das leichte Verbrechen	das	.... Verbrechen
8.	der mutige Polizist	der	.... Mörder

B6 Ihr Krimi

Schreiben Sie zu zweit einen Krimi im Präteritum.

Freitag, 13.3., 13.24 Uhr unbekannter Mann → Bank in der Goldschmiedstraße → überfallen

Täter → eine Maske tragen

nur eine Mitarbeiterin → in der Bank sein ▪ der zweite Mitarbeiter → nicht da sein ▪ Täter → Mitarbeiterin → mit einer Pistole bedrohen

Bankräuber → das ganze Geld fordern

Bankmitarbeiterin → 500 000 Euro in einen Koffer legen

Täter → mit Taxi fliehen

Polizei → mit Hunden nach dem Täter suchen

Film auf Videokamera → keine weiteren Informationen liefern

zweite Bankmitarbeiter → bis heute → spurlos aus Deutschland verschwinden ▪ Polizei → den Täter nicht verhaften können

Verben

Modalverben *(Wiederholung)*

		können	müssen	sollen	dürfen	wollen	möchte(n)	mögen
Sg.	ich	kann	muss	soll	darf	will	möchte	mag
	du	kannst	musst	sollst	darfst	willst	möchtest	magst
	er/sie/es	kann	muss	soll	darf	will	möchte	mag
Pl.	wir	können	müssen	sollen	dürfen	wollen	möchten	mögen
	ihr	könnt	müsst	sollt	dürft	wollt	möchtet	mögt
	sie	können	müssen	sollen	dürfen	wollen	möchten	mögen
	Sie	können	müssen	sollen	dürfen	wollen	möchten	mögen

Gebrauch			
	können	Ich kann sehr gut Tennis spielen. Du kannst jetzt duschen.	Fähigkeit Gelegenheit
	müssen	Ich muss heute länger arbeiten.	Notwendigkeit
	sollen	Ich soll heute länger arbeiten. (Mein Chef will das.) Soll ich Kaffee kochen?	Auftrag Frage nach dem Wunsch einer anderen Person
	dürfen	Man darf nur in der Raucherecke rauchen. Darf ich hier mal telefonieren?	Erlaubnis Höfliche Frage
	wollen	Ich will mir ein neues Auto kaufen.	Absicht
	möchte(n)	Ich möchte gern ein Konzert von Till Brönner besuchen.	Wunsch
	mögen	Ich mag die Musik von Till Brönner sehr.	Vorliebe

C1   **Ergänzen Sie die Modalverben in der richtigen Form.**

■ *Möchten* Sie noch einen Tee? *(möchten)*

1. .... du mich nach Hause fahren? *(können)*

2. Wann .... ihr Tante Irma besuchen? *(wollen)*

3. .... Otto keine Erdbeeren? *(mögen)*

4. Im ganzen Gebäude .... man nicht rauchen. *(dürfen)*

5. Frau Koch .... dieses Problem bald lösen. *(müssen)*

6. .... ich dich abholen? *(sollen)*

7. .... du in diesem kleinen Büro arbeiten? *(möchten)*

8. Die Abteilungsleiterin .... kein Spanisch. *(können)*

9. .... ich mal kurz das Fenster öffnen? *(dürfen)*

10. Ich .... dieses Jahr nicht schon wieder an die Nordsee fahren. *(wollen)*

11. Martin, du .... um 15.00 Uhr zum Direktor kommen. *(sollen)*

12. Die Kinder .... noch nicht ins Bett gehen. *(wollen)*

13. Meine Oma .... Schokolade. *(mögen)*

14. .... wir mal den Kopierer benutzen? *(dürfen)*

C2 **Antworten Sie.**

1. Mögen Sie klassische Musik?   *Ja, ich* ....

2. Kannst du gut Fußball spielen?   ....

3. Müssen Fußballspieler oft trainieren?   ....

4. Dürft ihr in eurer Wohnung nachts Schlagzeug spielen?   ....

5. Möchten Sie ein Doppelzimmer mit Seeblick?   ....

6. Wollen Sie diesen Sommer wieder eine Reise machen?   ....

7. Hat Ihr Arzt gesagt, Sie sollen viel Sport treiben?   ....

C3 **Ergänzen Sie die Modalverben in der richtigen Form. Manchmal gibt es mehrere Lösungen.**

■ Wir *dürfen* in unserem Haus nach 22.00 Uhr keine Musik mehr machen.

1. Achim .... sehr gut Klavier spielen. Aber er .... jeden Tag zwei Stunden üben.

2. Meine Mutter sagt, ich .... jeden Tag eine Stunde spazieren gehen,

   aber ich .... das nicht.

3. .... du mit Tante Klara in die Oper gehen? –

   Auf gar keinen Fall, ich .... keine Opern.

4. Mein Kollege .... Abenteuerreisen.

   Er .... dieses Jahr im Himalaja klettern.

5. .... du heute noch arbeiten oder .... du mit mir ins Kino gehen? – Mein Chef

   hat gesagt, ich .... noch alle E-Mails beantworten.

6. .... man hier rauchen? – Nein, zum Rauchen .... Sie in die Raucherecke gehen.

7. Du bist noch keine 16 Jahre alt. Du .... noch kein Bier trinken.

8. Martin ist krank. Er .... nicht zu deiner Party kommen.

9. Der Zug hat Verspätung. Wir .... noch eine halbe Stunde warten.

Gebrauch der Zeitformen

gestern	heute	morgen
Ich kaufte gestern ein. (Präteritum)	Ich kaufe heute ein. (Präsens)	Ich kaufe morgen ein. (Präsens)
Ich habe gestern eingekauft. (Perfekt)		**Zeitangabe verweist auf Zukunft**
Beispiele:		
Ich besuchte ihn letzte Woche. Ich habe ihn letzte Woche besucht.	Ich besuche ihn gerade.	Ich besuche ihn nächste Woche.
Im Sommer fuhr ich nach Italien. Im Sommer bin ich nach Italien gefahren.	Ich sitze im Auto und fahre nach Italien.	Im August fahre ich nach Italien.

Präteritum der Hilfsverben und Modalverben

		haben	sein	werden
Singular	ich	hatte	war	wurde
	du	hattest	warst	wurdest
	er/sie/es	hatte	war	wurde
Plural	wir	hatten	waren	wurden
	ihr	hattet	wart	wurdet
	sie	hatten	waren	wurden
formell	Sie	hatten	waren	wurden

		können	müssen	dürfen	sollen	wollen	mögen
Singular	ich	konnte	musste	durfte	sollte	wollte	mochte
	du	konntest	musstest	durftest	solltest	wolltest	mochtest
	er/sie/es	konnte	musste	durfte	sollte	wollte	mochte
Plural	wir	konnten	mussten	durften	sollten	wollten	mochten
	ihr	konntet	musstet	durftet	solltet	wolltet	mochtet
	sie	konnten	mussten	durften	sollten	wollten	mochten
formell	Sie	konnten	mussten	durften	sollten	wollten	mochten

C4   **Ergänzen Sie die Verben im Präteritum.**

1. dürfen
   a) Ich   *durfte*
   b) Er   ....
   c) Marcus und Kathrin   ....

   } früher keine Schokolade essen.

2. müssen
   a) Opa   ....
   b) Ihr   ....
   c) Frau und Herr Krause   ....

   } früher zwölf Stunden am Tag arbeiten.

3. können
   a) Du   ....
   b) Jean-Marc   ....
   c) Wir   ....

   } vor drei Jahren noch kein Deutsch.

4. sein
   a) Du   ....
   b) Ihr   ....
   c) Sie   ....

   } doch schon oft in Portugal.

5. haben
   a) Wir   ....
   b) Mein Bruder   ....
   c) Meine Nachbarn   ....

   } früher einen kleinen Hund.

6. wollen
   a) Die Sekretärin   ....
   b) Ich   ....
   c) Mein Kollege   ....

   } keine Kaffeepause machen.

C5 **Ergänzen Sie die Verben im Präteritum.**

■ haben: Früher *hatten* wir noch kein Auto.

1. müssen: Wir .... immer mit dem Zug zu Tante Hilde fahren.

2. haben: Der Zug .... manchmal Verspätung.

3. dürfen: Im Zug .... man nicht rauchen.

4. wollen: Opa Ludwig .... immer seinen Hund mitnehmen.

5. können: Tante Hilde .... aber Hunde nicht leiden.

6. müssen/dürfen: Der Hund .... immer im Garten bleiben.

                     Er .... nicht ins Wohnzimmer.

7. sein: Bei Tante Hilde .... es im Wohnzimmer kalt.

8. mögen: Ich .... diese Kälte nicht.

9. sollen/dürfen: Wir .... bei Tante Hilde immer ruhig auf dem Stuhl sitzen und ....

                     beim Essen nicht reden. Schrecklich!

10. werden: Nach dem Besuch bei Tante Hilde .... ich oft krank.

C6 **Schreiben Sie die Sätze im Präteritum.**

■ Ich will nicht ins Konzert gehen.
  Ich wollte nicht ins Konzert gehen.

1. Ich kann nicht Klavier üben, ich habe
   Kopfschmerzen.

   ....

   ....

2. Paul darf kein Eis mehr essen.

   ....

   ....

3. Ihr sollt pünktlich zum Essen kommen.

   ....

   ....

4. Wir wollen nach Italien fahren.

   ....

   ....

5. Ich muss zum Arzt gehen.

   ....

   ....

6. Ich soll weniger essen.

   ....

   ....

7. Sie mag deutsche Volksmusik.

   ....

   ....

8. Ich darf in dieser Straße nicht parken.

   ....

   ....

9. Franz kann sehr gut Fußball spielen.

   ....

   ....

Vergangenheitsform regelmäßiger Verben

		spielen				arbeiten	
	Präsens	**Präteritum**	**Perfekt**		**Präsens**	**Präteritum**	**Perfekt**
ich	spiele	spielte	habe gespielt	arbeite	arbeitete	habe gearbeitet
du	spielst	spieltest	hast gespielt	arbeitest	arbeitetest	hast gearbeitet
er/sie/es	spielt	spielte	hat gespielt	arbeitet	arbeitete	hat gearbeitet
wir	spielen	spielten	haben gespielt	arbeiten	arbeiteten	haben gearbeitet
ihr	spielt	spieltet	habt gespielt	arbeitet	arbeitetet	habt gearbeitet
sie	spielen	spielten	haben gespielt	arbeiten	arbeiteten	haben gearbeitet
Sie	spielen	spielten	haben gespielt	arbeiten	arbeiteten	haben gearbeitet

		eröffnen				studieren	
	Präsens	**Präteritum**	**Perfekt**		**Präsens**	**Präteritum**	**Perfekt**
ich	eröffne	eröffnete	habe eröffnet	studiere	studierte	habe studiert
du	eröffnest	eröffnetest	hast eröffnet	studierst	studiertest	hast studiert
er/sie/es	eröffnet	eröffnete	hat eröffnet	studiert	studierte	hat studiert
wir	eröffnen	eröffneten	haben eröffnet	studieren	studierten	haben studiert
ihr	eröffnet	eröffnetet	habt eröffnet	studiert	studiertet	habt studiert
sie	eröffnen	eröffneten	haben eröffnet	studieren	studierten	haben studiert
Sie	eröffnen	eröffneten	haben eröffnet	studieren	studierten	haben studiert

Verben mit nicht trennbarem Präfix und Verben auf *-ieren* bilden das Partizip ohne *-ge*.

C7   **Ergänzen Sie.**

Infinitiv	Präteritum	Perfekt	
■ machen	er *machte*	wir *haben*	*gemacht*
1. antworten !	ich	ich	....
2. arbeiten !	ich	ich	....
3. aufhören	wir	wir	....
4. ausdrucken	ihr	ihr	....
5. beenden !	sie (Pl.)	sie (Pl.)	....
6. bezahlen	ihr	ihr	....
7. duschen	du	du	....
8. fragen	ich	ich	....
9. heiraten !	er	er	....
10. hören	ihr	ihr	....
11. einkaufen	du	du	....
12. kochen	du	du	....
13. lachen	wir	wir	....
14. lernen	sie (Pl.)	sie (Pl.)	....
15. lieben	sie	sie	....
16. reparieren	ich	ich	....
17. reisen	ich	ich	....

C8 **Bilden Sie Sätze im Präteritum (a) und im Perfekt (b).**
Achten Sie auf die Wortstellung.

■ 1782 – Mozart – Constanze Weber – heiraten

   a) *1782 heiratete Mozart Constanze Weber.*

   b) *1782 hat Mozart Constanze Weber geheiratet.*

1. Peter – früher – Tennis – regelmäßig – spielen

   a) ....

   b) ....

2. Anja – in Heidelberg – Germanistik – studieren

   a) ....

   b) ....

3. wir – im Auto – oft – Radio – hören

   a) ....

   b) ....

4. Agnieszka – ihre Hausaufgaben – immer – machen

   a) ....

   b) ....

5. sie *(Sg.)* – fleißig – Vokabeln – lernen

   a) ....

   b) ....

6. Johann – ein neues Schlagzeug – sich kaufen

   a) ....

   b) ....

7. Mozart – sein Glück – in Wien – suchen

   a) ....

   b) ....

8. man – früher – mit einer Kutsche – reisen

   a) ....

   b) ....

9. der Künstler – in Paris – leben

   a) ....

   b) ....

10. sie *(Sg.)* – die Rechnung – sofort – bezahlen

   a) ....

   b) ....

11. die Sekretärin – die E-Mail – nicht – ausdrucken

   a) ....

   b) ....

Vergangenheitsform unregelmäßiger Verben

	fliegen				beginnen			
	Präsens	Präteritum	Perfekt		Präsens	Präteritum	Perfekt	
ich	fliege	flog	bin	geflogen	beginne	begann	habe	begonnen
du	fliegst	flogst	bist	geflogen	beginnst	begannst	hast	begonnen
er/sie/es	fliegt	flog	ist	geflogen	beginnt	begann	hat	begonnen
wir	fliegen	flogen	sind	geflogen	beginnen	begannen	haben	begonnen
ihr	fliegt	flogt	seid	geflogen	beginnt	begannt	habt	begonnen
sie	fliegen	flogen	sind	geflogen	beginnen	begannen	haben	begonnen
Sie	fliegen	flogen	sind	geflogen	beginnen	begannen	haben	begonnen

	fahren				schreiben			
	Präsens	Präteritum	Perfekt		Präsens	Präteritum	Perfekt	
ich	fahre	fuhr	habe	gefahren	schreibe	schrieb	habe	geschrieben
du	fährst	fuhrst	hast	gefahren	schreibst	schriebst	hast	geschrieben
er/sie/es	fährt	fuhr	hat	gefahren	schreibt	schrieb	hat	geschrieben
wir	fahren	fuhren	haben	gefahren	schreiben	schrieben	haben	geschrieben
ihr	fahrt	fuhrt	habt	gefahren	schreibt	schriebt	habt	geschrieben
sie	fahren	fuhren	haben	gefahren	schreiben	schrieben	haben	geschrieben
Sie	fahren	fuhren	haben	gefahren	schreiben	schrieben	haben	geschrieben

C9 **Ergänzen Sie die fehlenden Verben.**

> verlor ▪ lud ein ▪ zog um ▪ schrieb ▪ **gingen** ▪ zog an ▪ gewann ▪ trank ▪ empfahl ▪ begann ▪ trafen ▪ gab ▪ bekam ▪ nahm mit ▪ rief an ▪ kam an

- Wir *gingen* ins Konzert.
1. Das Konzert .... um 19.00 Uhr.
2. Sie .... sich am Eingang.
3. Für das Konzert .... sich Paul seinen Anzug ....
4. Michael Schumacher .... viele Autorennen.
5. Sein Bruder Ralf Schumacher .... meistens.
6. Tante Hilde .... Liebesbriefe.
7. Sie .... um 14.30 Uhr in Hamburg ....
8. Oma .... nach dem Essen immer einen Kräuterschnaps.

9. Der Kellner .... ihr einen „Underberg".
10. Sie .... eine Stelle als Finanzdirektorin.
11. Otto .... Marie zum Abschied einen Kuss.
12. Andreas .... drei Fotoapparate ....
13. Mozart .... seinen Vater nicht zu seiner Hochzeit ....
14. Im letzten Jahr .... er von München nach Salzburg ....
15. Er .... seine Mutter jeden Tag ....

C10 **Ergänzen Sie.**

Infinitiv	Präsens er/sie/es	Präteritum er/sie/es	Perfekt er/sie/es
abfahren	....	....	....
anfangen	....	....	....
anrufen	....	....	....
ankommen	....	....	....
einladen	....	....	....
essen	....	....	....
empfehlen	....	....	....
geben	....	....	....
gehen	*geht*	*ging*	*ist gegangen*
gewinnen	....	....	....
kommen	....	....	....
laufen	....	....	....
nehmen	....	....	....
schreiben	....	....	....
trinken	....	....	....
sich umziehen	....	....	....
sich unterhalten	....	....	....
verlieren	....	....	....

C11 Schreiben Sie eine Karte aus Leipzig. Nutzen Sie das Präteritum oder das Perfekt.

Liebe Martina,
ich bin jetzt in Leipzig, aber die Reise war ein kleines Abenteuer. ....
....
....
....
....
....
....
....

Leipzig gefällt mir gut.
Am Freitag komme ich wieder nach Hause.

Liebe Grüße
Anton

Leipzig: Thomaskirche

- die Reise – ein kleines Abenteuer – sein *(Prät.)*
1. zuerst – ich – mit dem Taxi – zum Flughafen – fahren *(Perf.)*
2. das Flugzeug – drei Stunden Verspätung – haben *(Prät.)*
3. in Leipzig – kein Taxi – vor dem Flughafen – stehen *(Prät.)*
4. ich – wieder – eine Stunde – warten *(Perf.)*
5. dann – ein Taxi – endlich – kommen *(Prät.)*
6. die erste Nacht – im Hotel – ich – gut schlafen *(Perf.)*
7. heute früh – ich – die Thomaskirche und das Alte Rathaus – besichtigen *(Perf.)*
8. zum Mittagessen – im Hotel – leckere Spaghetti – es – geben *(Prät.)*

C12 Ergänzen Sie die Verben im Präteritum.

> sein ▪ besuchen ▪ studieren ▪ dirigieren ▪ arbeiten ▪ gehen ▪ leiten ▪ führen ▪ machen ▪ spielen ▪ geben ▪ bekommen ▪ werden ▪ übernehmen

Kurt Masur, 2012

Der populärste Dirigent: Kurt Masur

Kurt Masur wurde 1927 in Brieg geboren. Sein Vater ....(1) Ingenieur. Ab 1945 ....(2) er das Konservatorium in Leipzig und ....(3) Klavier, Komposition und Dirigieren.

Ab 1953 ....(4) er an der Leipziger Oper. Von 1960 bis 1964
5   ....(5) er als erster Kapellmeister an der Komischen Oper in Berlin, danach ....(6) er nach Dresden.

Von 1970 bis 1996 ....(7) Kurt Masur das Gewandhaus in Leipzig und ....(8) mit seiner Arbeit das Orchester zu Weltruhm. Berühmt ....(9) ihn seine Interpretationen der Sinfo
10   nien von Beethoven, Bruckner und Schumann.

In den 1970er-Jahren ....(10) Kurt Masur auch in der Carnegie Hall und im Amsterdamer Concertgebouw. Ab 1981 ....(11) er Konzerte als Gastdirigent bei den New Yorker Philharmonikern. 1991 .... (12) er dort die Stelle des Chefdirigenten und .... (13) der Nachfolger von Leonard Bernstein. Im Jahre 2001 ....(14) er die Leitung des französischen Nationalorchesters.
15   Am 19.12.2015 starb Kurt Masur im Alter von 88 Jahren in den USA.

C13 Sie waren gestern im Kino. Berichten Sie Ihrer Freundin/Ihrem Freund in einer E-Mail von dem Film. Schreiben Sie den Bericht im Präteritum.

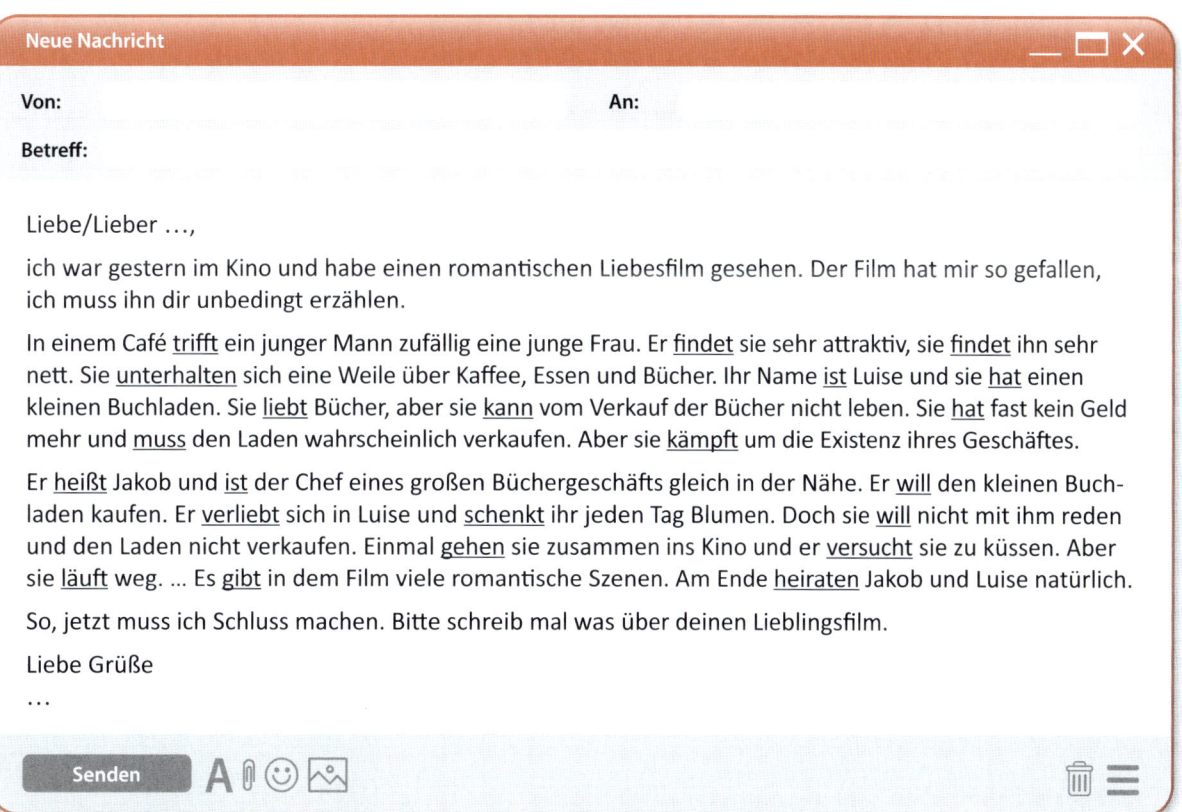

Neue Nachricht

Von: An:

Betreff:

Liebe/Lieber …,

ich war gestern im Kino und habe einen romantischen Liebesfilm gesehen. Der Film hat mir so gefallen, ich muss ihn dir unbedingt erzählen.

In einem Café <u>trifft</u> ein junger Mann zufällig eine junge Frau. Er <u>findet</u> sie sehr attraktiv, sie <u>findet</u> ihn sehr nett. Sie <u>unterhalten</u> sich eine Weile über Kaffee, Essen und Bücher. Ihr Name <u>ist</u> Luise und sie <u>hat</u> einen kleinen Buchladen. Sie <u>liebt</u> Bücher, aber sie <u>kann</u> vom Verkauf der Bücher nicht leben. Sie <u>hat</u> fast kein Geld mehr und <u>muss</u> den Laden wahrscheinlich verkaufen. Aber sie <u>kämpft</u> um die Existenz ihres Geschäftes.

Er <u>heißt</u> Jakob und <u>ist</u> der Chef eines großen Büchergeschäfts gleich in der Nähe. Er <u>will</u> den kleinen Buchladen kaufen. Er <u>verliebt</u> sich in Luise und <u>schenkt</u> ihr jeden Tag Blumen. Doch sie <u>will</u> nicht mit ihm reden und den Laden nicht verkaufen. Einmal <u>gehen</u> sie zusammen ins Kino und er <u>versucht</u> sie zu küssen. Aber sie <u>läuft</u> weg. … Es <u>gibt</u> in dem Film viele romantische Szenen. Am Ende <u>heiraten</u> Jakob und Luise natürlich.

So, jetzt muss ich Schluss machen. Bitte schreib mal was über deinen Lieblingsfilm.

Liebe Grüße

…

Senden

Die Negation

Negation

Negation mit *nicht* oder *kein*

Negation mit *kein-* (Nomen)	Negation mit *nicht*	Teilnegation
Ich fotografiere keine Häuser.	Ich fotografiere nicht.	Ich fahre nicht mit dem Auto (sondern mit dem Zug).
Ich habe keinen Fotoapparat.	Ich kann nicht fotografieren.	Ich fahre nicht am Freitag (sondern am Samstag).
	Ich kann nicht Auto fahren.	
	Ich fotografiere nicht gut.	
	Ich fotografiere im Urlaub nicht.	

alles/etwas ←→ nichts   Ich kann alles. ←→ Er kann nichts.

immer ←→ nie   Er fotografiert immer. ←→ Ich fotografiere nie.

alle/jemand ←→ niemand (Nominativ)   Ist hier jemand? ←→ Nein, hier ist niemand.

                                         Alle waren da. ←→ Niemand war da.

alle/jemanden ←→ niemanden (Akkusativ)   Kennst du hier jemanden?
                                         Ich kenne hier alle. ←→ Ich kenne niemanden.

Negativartikel *(Wiederholung)*

	Singular						Plural	
	maskulin		feminin		neutral			
Nominativ	de**r** kein	Fotoapparat Fotoapparat	di**e** kein**e**	Party Party	da**s** kein	Auto Auto	di**e** kein**e**	Filme Filme
Akkusativ	de**n** kein**en**	Fotoapparat Fotoapparat	di**e** kein**e**	Party Party	da**s** kein	Auto Auto	di**e** kein**e**	Filme Filme
Dativ	de**m** kein**em**	Fotoapparat Fotoapparat	de**r** kein**er**	Party Party	de**m** kein**em**	Auto Auto	de**n** kein**en**	Filme**n** Filme**n**
Genitiv	de**s** keine**s**	Fotoapparat**s** Fotoapparat**s**	de**r** kein**er**	Party Party	de**s** keine**s**	Auto**s** Auto**s**	de**r** kein**er**	Filme Filme

C14 **Ergänzen Sie** *nicht* **oder** *kein-*.

■ Ich habe *kein* Klavier zu Hause.

1. Ich mag .... klassische Musik.

2. Ich kann überhaupt .... singen.

3. Paolo kann singen, aber er singt .... gut.

4. Michael kann .... Gitarre spielen und
   auch .... Ski fahren.

5. Ihr könnt heute .... ins Konzert gehen.

6. Heute ist in der Oper .... Vorstellung.

7. Frau Müller kommt heute ...., sie ist krank.

8. Ich möchte .... Tennisschläger zum Geburtstag.

9. Warum fotografierst du ....? Ich habe .... Fotoapparat.

10. Ich habe .... Auto und ich kann .... Auto fahren.

C15 **Ergänzen Sie das Wort** *nicht*. **Es gibt manchmal mehrere Möglichkeiten.**

■ Die Uhr ist sehr teuer.   *Die Uhr ist nicht sehr teuer.*

1. Ich fahre mit dem Auto.   ....

2. Peter kommt heute.   ....

3. Ich kann mich an meine Schulzeit erinnern.   ....

4. Ich möchte in diesen Film gehen.   ....

5. Ich fahre am Montag nach Spanien.   ....

6. Ich kann Golf spielen.   ....

7. Ich habe ihn angerufen.   ....

8. Das weiß ich.   ....

9. Ich habe das Buch gelesen.   ....

10. Ich verstehe dich.   ....

11. Ich kann dir helfen.   ....

C16 Ergänzen Sie *niemand, niemanden, nichts* oder *nie.*

1. Ich mache immer meine Hausaufgaben, Paul macht seine Hausaufgaben ....

2. Ich weiß alles über die deutsche Geschichte, er weiß ....

3. Kennst du schon jemanden aus deinem Studienjahr? Nein, ich kenne noch ....

4. Wo ist die neue Cafeteria? Weiß das schon jemand? – Nein, das weiß noch ....

5. Hast du schon einmal im Lotto gewonnen? – Nein, noch ....

6. Hast du mal jemanden betrogen? – Nein, ich habe noch .... betrogen.

7. Hast du schon etwas gegessen? – Nein, ich habe noch .... gegessen.

8. Waren bei der Party alle da? – Nein, es war .... da.

C17 Beantworten Sie die Fragen mit einer Verneinung.

■ Hast du den Fernseher schon ausgeschaltet?

Nein, ich habe den Fernseher noch nicht ausgeschaltet.

1. Könnt ihr den Fernseher leiser stellen?

Nein, ...

2. Soll ich umschalten?

Nein, ...

3. Gibst du mir bitte die Fernbedienung?

Nein, ...

4. Hast du mein Smartphone gesehen?

Nein, ...

Die negative Frage

Kommst du **nicht** mit?	←→	Nein, ich komme **nicht** mit. **Doch**, ich komme mit.
Kommst du mit?	←→	Nein, ich komme **nicht** mit. Ja, ich komme mit.

C18 Antworten Sie positiv und negativ.

■ Hast du keine Uhr?   *Doch, ich habe eine Uhr. / Nein, ich habe keine Uhr.*

1. Hast du keinen Fernseher?   ....

2. Rauchst du nicht mehr?   ....

3. Hast du für die Prüfung nicht gelernt?   ....

4. Fahrt ihr dieses Jahr nicht in den Urlaub?   ....

5. Trinkst du keinen Orangensaft?   ....

6. Hast du den Text nicht gelesen?   ....

7. Hast du keine Hausaufgaben gemacht?   ....

8. Schmeckt dir das Essen nicht?   ....

Rückblick

 D1 **Wichtige Redemittel**
Hier finden Sie die wichtigsten Redemittel des Kapitels.

Zweisprachige Redemittellisten finden Sie hier: **www.schubert-verlag.de/wortschatz**

Freizeitaktivitäten allgemein

Auto fahren ▪ einen Ausflug machen ▪ reisen ▪ Zeitschriften/Zeitungen/Bücher lesen ▪ fotografieren ▪ Radio/Musik hören ▪ wandern ▪ Fußball spielen ▪ im Internet surfen/recherchieren ▪ in sozialen Netzwerken/Medien kommunizieren ▪ Fremdsprachen lernen ▪ Freunde besuchen ▪ Gäste empfangen ▪ im Garten arbeiten ▪ einkaufen ▪ essen gehen/ausgehen ▪ Sport treiben ▪ Partys feiern ▪ *(Das Fernsehen)* liegt/steht auf Platz eins/belegt einen Spitzenplatz/ist sehr beliebt.

Musik

sich für Musik interessieren ▪ Interesse an Musik haben bzw. verlieren ▪ ein Instrument spielen ▪ Klavier üben ▪ ein Konzert besuchen ▪ ins Konzert bzw. in die Oper gehen ▪ Konzerte geben ▪ *(eine Oper)* komponieren ▪ Musikstücke schreiben ▪ Erfolge feiern ▪ Erfolg haben ▪ mit Musik Geld verdienen

Museen

ein Museum besuchen ▪ Wann ist/hat das Museum geöffnet? ▪ Wann ist/hat das Museum geschlossen? ▪ Wann schließt das Museum? ▪ Wie viel kostet eine Eintrittskarte? ▪ Wie lange geht die Ausstellung?

Fotografieren

fotografieren ▪ Fotos machen ▪ Menschen, Gebäude, Landschaften fotografieren ▪ sich Fotos ansehen ▪ die Fotos jemandem zeigen ▪ mit einer Digitalkamera/mit einem Fotoapparat fotografieren

Kino

ins Kino gehen ▪ sich einen Film ansehen ▪ einen Film sehen ▪ einen Lieblingsschauspieler/eine Lieblingsschauspielerin haben ▪ Ein Film läuft im Kino. ▪ Ein Film hat viele Zuschauer. ▪ einen Film auswählen ▪ Der Film handelt von *(zwei Mädchen)*. ▪ Der Film erzählt die Geschichte *(einer großen Liebe)*.

 D2 **Kleines Wörterbuch der Verben**

Einige regelmäßige Verben

Infinitiv	3. Person Singular Präsens	3. Person Singular Präteritum	3. Person Singular Perfekt
auswählen *(einen Film)*	sie wählt aus	sie wählte aus	sie hat ausgewählt
belegen *(einen Spitzenplatz)*	sie belegt	sie belegte	sie hat belegt
beobachten *(jemanden)*	sie beobachtet	sie beobachtete	sie hat beobachtet
erzählen *(eine Geschichte)*	sie erzählt	sie erzählte	sie hat erzählt
kommunizieren *(in Netzwerken)*	sie kommuniziert	sie kommunizierte	sie hat kommuniziert
unterrichten (jemanden)	sie unterrichtet	sie unterrichtete	sie hat unterrichtet
verdienen *(Geld)*	sie verdient	sie verdiente	sie hat verdient
verspielen *(Geld)*	sie verspielt	sie verspielte	sie hat verspielt

Unregelmäßige Verben

Infinitiv	3. Person Singular Präsens	3. Person Singular Präteritum	3. Person Singular Perfekt
anrufen	sie ruft an	sie rief an	sie hat angerufen
einladen *(jemanden)*	sie lädt ein	sie lud ein	sie hat eingeladen
empfangen *(Gäste)*	sie empfängt	sie empfing	sie hat empfangen
empfehlen	sie empfiehlt	sie empfahl	sie hat empfohlen
laufen *(ein Film im Kino)*	sie läuft	sie lief	sie ist gelaufen
liegen *(in der Sonne)*	sie liegt	sie lag	sie hat gelegen
treiben *(Sport)*	sie treibt	sie trieb	sie hat getrieben
sehen ansehen fernsehen	sie sieht sie sieht an sie sieht fern	sie sah sie sah an sie sah fern	sie hat gesehen sie hat angesehen sie hat ferngesehen
sterben	sie stirbt	sie starb	sie ist gestorben
verbringen *(Zeit)*	sie verbringt	sie verbrachte	sie hat verbracht
verlieren *(das Interesse)*	sie verliert	sie verlor	sie hat verloren

Modalverben

Infinitiv	3. Person Singular Präsens	3. Person Singular Präteritum	3. Person Singular Perfekt
dürfen	sie darf	sie durfte	sie hat gedurft
können	sie kann	sie konnte	sie hat gekonnt
mögen	sie mag	sie mochte	sie hat gemocht
müssen	sie muss	sie musste	sie hat gemusst
sollen	sie soll	sie sollte	sie hat gesollt
wollen	sie will	sie wollte	sie hat gewollt

Krimi-Verben (regelmäßig und unregelmäßig)

Infinitiv	3. Person Singular Präsens	3. Person Singular Präteritum	3. Person Singular Perfekt
aufklären *(ein Verbrechen)*	sie klärt auf	sie klärte auf	sie hat aufgeklärt
einbrechen *(in ein Geschäft)*	sie bricht ein	sie brach ein	sie ist eingebrochen
festnehmen *(einen Täter)*	sie nimmt fest	sie nahm fest	sie hat festgenommen
jagen *(einen Verbrecher)*	sie jagt	sie jagte	sie hat gejagt
sinken *(die Verbrechensrate)*	sie sinkt	sie sank	sie ist gesunken
stehlen *(einen Ring)*	sie stiehlt	sie stahl	sie hat gestohlen
verhaften *(einen Täter)*	sie verhaftet	sie verhaftete	sie hat verhaftet
verhören *(einen Täter)*	sie verhört	sie verhörte	sie hat verhört
verschwinden *(etwas/jemand)*	sie verschwindet	sie verschwand	sie ist verschwunden

D3 **Evaluation**
Überprüfen Sie sich selbst.

Ich kann	gut	nicht so gut
Ich kann über meine Freizeitaktivitäten berichten.	☐	☐
Ich kann etwas über Musik, Fotografieren und Kino erzählen.	☐	☐
Ich kann mich telefonisch nach Öffnungs- und Schließzeiten in Museen erkundigen.	☐	☐
Ich kann telefonisch nach dem Kino- oder Ausstellungsprogramm fragen.	☐	☐
Ich kann einen längeren, aber einfachen biografischen Text verstehen.	☐	☐
Ich kann einen einfachen Text über Krimis lesen und habe einen einfachen Kriminal-Wortschatz. *(fakultativ)*	☐	☐

Geld und Konsum

Kommunikation

- Über Geld sprechen
- Einkaufen
- Gründe und Bedingungen nennen
- Gemeinsam einen Termin finden
- Über Konsumtrends diskutieren
- Ein Bankformular ausfüllen
- Wünsche und irreale Bedingungen formulieren

Wortschatz

- Monatliche Geldausgaben
- Geschäfte und Konsumartikel
- Konsumtrends
- Einkaufen im Fernsehen und Internet
- Geld und Banken
- Lotto

Wo bleibt das Geld am Ende des Monats?

A1 **Wofür geben Sie Ihr Geld aus?/Wofür gibst du dein Geld aus?**
Fragen Sie Ihre Nachbarin/Ihren Nachbarn und berichten Sie.

Miete ▪ Essen und Trinken ▪ Energie ▪ Auto/Benzin ▪ öffentliche Verkehrsmittel ▪
Kleidung ▪ Reisen ▪ Telefon/Internet ▪ Ausgehen ▪ Bücher ▪ …

○ Ich gebe viel/wenig/ein bisschen Geld aus für …
○ Ich kaufe regelmäßig/sehr oft/manchmal …/Ich brauche …
○ Sehr teuer ist …/… kostet sehr viel Geld.
○ Meine Nachbarin/Mein Nachbar gibt … aus/kauft/braucht …

A2 **Ausgaben privater Haushalte in Deutschland**
a) Lesen Sie den Text und ergänzen Sie die Grafik.

Nach Abzug von Steuern und Beiträgen zu Sozialversicherungen (z. B. Kranken- und Rentenversicherung)
beträgt das Nettoeinkommen in Deutschland pro Haushalt 2 706 Euro im Monat. Davon geben die Deutschen
nach Angaben des Statistischen Bundesamtes 2 517 Euro wieder aus.

Was meinen Sie? Wofür geben die Menschen in Deutschland ihr Geld aus? Ordnen Sie zu.

Verkehr ▪ Kleidung und Schuhe ▪ Freizeit und Kultur ▪ Übernachtung und Gaststätten ▪ Wohnen und
Energie ▪ Möbel und Haushaltsgeräte ▪ Nahrungs- und Genussmittel

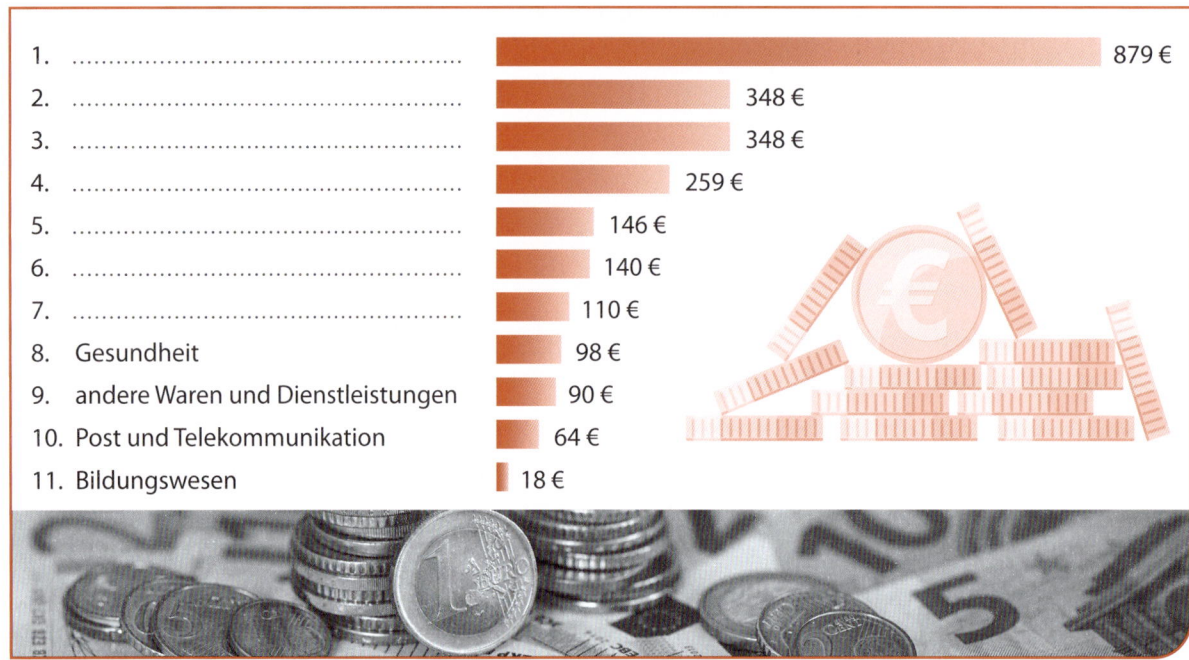

1. .... 879 €
2. .... 348 €
3. .... 348 €
4. .... 259 €
5. .... 146 €
6. .... 140 €
7. .... 110 €
8. Gesundheit 98 €
9. andere Waren und Dienstleistungen 90 €
10. Post und Telekommunikation 64 €
11. Bildungswesen 18 €

Quelle: Statista

○ Wahrscheinlich geben die Menschen in Deutschland das meiste Geld für … aus.
○ Auf Platz … /danach kommt vielleicht …
○ Auch … kostet/kosten viel Geld/ist/sind teuer.

b) Vergleichen Sie Ihre Ergebnisse zuerst mit den Lösungen im Anhang und
danach mit Ihren Angaben in A1.

○ Ich gebe mehr/weniger Geld für … aus.
○ In … sind die Ausgaben für … nicht so hoch/(viel) höher.
○ Ich gebe viel Geld für … aus, denn ich finde … sehr wichtig.

Einkaufen – Geld ausgeben

A3 **Einkaufen**
Berichten Sie.

- Kaufen Sie gern ein?
- Was kaufen Sie gern?

- Wo kaufen Sie Brot, Fleisch, Gemüse, Wein, Kosmetik, Kleidung, Schuhe, Medikamente, Bücher, Flugtickets, einen Fernseher, ein Smartphone …?

in der Drogerie — im Secondhand-Laden — im Supermarkt — bei einer Shopping-Sendung im Fernsehen — im Schuhgeschäft — beim Gemüsehändler — im Antiquariat — im Designergeschäft — im Delikatessengeschäft — im Bioladen — beim Fleischer — beim Bäcker — in der Apotheke — im Reisebüro — auf dem Markt — im Kaufhaus — im Fachgeschäft — im Internet — im Buchladen

Geschäft = Laden (umgangssprachlich)

○ Brot kaufe ich immer/meistens/oft/selten/nie im Supermarkt …

A4 **Warum kaufen Sie …?**
Antworten Sie. Nennen Sie einen Grund (aus den Vorgaben oder frei).

weil es dort billig/billiger ist ▪ weil die Ware dort gut/besser/frisch/frischer ist ▪ weil die Verkäufer so nett sind ▪ weil ich gute Beratung bekomme ▪ weil man die Sachen/Schuhe dort anprobieren kann ▪ weil ich auf die Umwelt achte ▪ weil ich dort Tag und Nacht einkaufen kann ▪ weil die Auswahl groß ist ▪ weil ich die Preise besser vergleichen kann ▪ …

- Brot   Ich kaufe *Brot im Supermarkt*, weil *es dort billiger ist*. → Angabe eines Grundes
1. Fleisch   Ich kaufe ...., weil ....
2. Gemüse   Ich kaufe ...., weil ....
3. Wein   Ich kaufe ...., weil ....
4. Kosmetik   Ich kaufe ...., weil ....
5. Kleidung   Ich kaufe ...., weil ....
6. Schuhe   Ich kaufe ...., weil ....
7. Medikamente   Ich kaufe ...., weil ....
8. Bücher   Ich kaufe ...., weil ....
9. Flugtickets   Ich kaufe ...., weil ....
10. einen Fernseher Ich kaufe ...., weil ....

A5 **Wann kaufen Sie …?**
Antworten Sie. Nennen Sie eine Bedingung (aus den Vorgaben oder frei).

> **wenn ich Hunger habe** ▪ wenn ich unglücklich bin ▪ wenn ich in den Urlaub fahre ▪ wenn ich krank bin ▪ wenn ich eine Party gebe ▪ wenn ich eine Prüfung habe ▪ wenn mein alter Fernseher kaputt ist ▪ wenn ich abnehmen will ▪ wenn ich verliebt bin ▪ wenn jemand Geburtstag hat ▪ wenn ich jemandem gefallen will ▪ …

▪ Brot   Ich kaufe *Brot*, wenn *ich Hunger habe*. ⟶ Angabe einer Bedingung

1. Gemüse   Ich kaufe ...., wenn ....

2. Wein   Ich kaufe ...., wenn ....

3. Kleidung   Ich kaufe ...., wenn ....

4. Schuhe   Ich kaufe ...., wenn ....

5. Medikamente   Ich kaufe ...., wenn ....

6. Bücher   Ich kaufe ...., wenn ....

7. Schokolade   Ich kaufe ...., wenn ....

8. einen neuen Fernseher Ich kaufe ...., wenn ....

9. einen Fotoapparat   Ich kaufe ...., wenn ....

10. Blumen   Ich kaufe ...., wenn ....

Gründe und Bedingungen   ⇨ Teil C Seite 87

Hauptsatz	Subjunktion	Nebensatz
Ich kaufe mein Brot im Supermarkt,	weil	es dort billiger ist.
Ich kaufe einen neuen Fernseher,	wenn	mein alter Fernseher kaputt ist.
konjugiertes Verb an Position II		konjugiertes Verb am Satzende

Subjunktionen leiten Nebensätze ein.

Frage	Antwort
Warum? (kausal)	weil …
Wann? (konditional)	wenn …

A6 **Wann und warum?**
Ordnen Sie jeweils einen Grund und eine Bedingung zu.

(1) Ich interessiere mich für Autos,   (a) weil ich gern schnell fahre.

          (b) weil ich mich informieren möchte.

(2) Ich sehe im Fernsehen die Nachrichten,   (c) wenn ich mir ein neues kaufen will.

          (d) wenn ich noch eine Karte bekomme.

(3) Ich gehe heute ins Kino,   (e) wenn ich pünktlich zu Hause bin.

          (f) weil ich den Film noch nicht gesehen habe.

(4) Ich schlafe bis 11.00 Uhr,   (g) weil ich viel lernen will.

          (h) wenn Wochenende ist.

(5) Ich mache meine Hausaufgaben,   (i) weil ich abends arbeite.

          (j) wenn ich Zeit habe.

A7 **Warum?**
Antworten Sie mit Nebensätzen.

- Ich arbeite heute nicht,   *weil ich krank bin.*

1. Ich kaufe gern beim Bäcker ein, ...

2. Ich lerne Deutsch, ...

3. Ich kann mir kein neues Auto kaufen, ...

4. Ich will in Südfrankreich studieren, ...

5. Ich trinke diesen Kaffee nicht, ...

6. Ich kaufe diese Schuhe nicht, ...

7. Ich treibe gern Sport, ...

8. Ich suche eine neue Arbeitsstelle, ...

A8 **Einkaufsgespräche**
Hören Sie den Dialog und lesen Sie ihn mit verteilten Rollen.

Verkäuferin:	Kann ich Ihnen helfen?
Frau Tal:	Ich hätte gern diese Turnschuhe.
Verkäuferin:	Welche Größe haben Sie?
Frau Tal:	Größe 39.
Verkäuferin:	Einen Moment bitte. Ich hole die Schuhe für Sie. … Wir haben die Schuhe in Größe 39 nicht mehr in Weiß, nur noch in Schwarz.
Frau Tal:	In Schwarz? Nein, in Schwarz nehme ich die Schuhe nicht.
Verkäuferin:	Warum? Schwarze Schuhe sind doch sehr praktisch. Probieren Sie die Schuhe doch mal an.
Frau Tal:	Nein, ich finde schwarze Sportschuhe hässlich.
Verkäuferin:	Vielleicht gefallen Ihnen diese Sportschuhe hier. Die sind in Weiß und die haben wir auch in Größe 39.
Frau Tal:	Kann ich die Schuhe mal anprobieren?
Verkäuferin:	Ja, natürlich.
Frau Tal:	Was kosten die Schuhe?
Verkäuferin:	89 Euro.
Frau Tal:	Gut, sie passen und ich nehme sie. Kann ich mit Kreditkarte bezahlen?
Verkäuferin:	Ja, natürlich. Auf Wiedersehen und herzlichen Dank.

 A9 **Was hat eine ähnliche Bedeutung?**
Ordnen Sie zu.

(1) Kann ich Ihnen helfen?

(2) Ich möchte gern diese Sportschuhe.

(3) Ich finde die Schuhe hässlich.

(4) Die Schuhe passen mir nicht.

(5) Was kosten die Schuhe?

(6) Möchten Sie die Schuhe anprobieren?

(7) Ich nehme die Schuhe nicht.

(a) Ich hätte gern diese Sportschuhe.

(b) Die Schuhe sind zu klein.

(c) Was kann ich für Sie tun?

(d) Wollen Sie die Schuhe mal anziehen?

(e) Die Schuhe gefallen mir nicht.

(f) Ich kaufe die Schuhe nicht.

(g) Wie teuer sind die Schuhe?

A10 **Einkaufen gehen**

Spielen Sie Einkaufsgespräche. Wählen Sie eine Situation aus.

1. in der Apotheke — Sie haben Kopfschmerzen.
2. im Buchladen — Sie suchen einen neuen Abenteuerroman.
3. im Designergeschäft — Sie brauchen einen neuen Anzug/ein neues Kleid für die Hochzeit Ihres besten Freundes.
4. beim Bäcker — Sie möchten ein frisches Vollkornbrot und drei Stück Apfelkuchen.
5. im Delikatessengeschäft — Sie möchten eine gute Flasche Wein als Geschenk.
6. auf dem Markt — Sie brauchen Obst für einen Obstsalat.

Welcher/Welche/Welches …? Was für ein …?

Welchen Pullover möchtest du? **Den** roten (Pullover)./**Diesen**.	Entscheidung zwischen konkreten Möglichkeiten
Was für einen Pullover möchtest du? **Einen** (Pullover) aus Baumwolle. **Einen** (Pullover) mit rundem Ausschnitt.	Entscheidung zwischen allgemeinen Möglichkeiten (Qualität/Eigenschaften)

A11 **Dialoge**

Arbeiten Sie zu zweit. Fragen und antworten Sie abwechselnd.

1. Welches Restaurant können Sie mir hier empfehlen? *(Restaurant „Milano")*
2. Was für eine Aktentasche möchten Sie? *(aus Leder)*
3. Was für einen Fernseher suchen Sie? *(LCD-Fernseher)*
4. Welches T-Shirt möchtest du? *(mit Donald Duck)*
5. Was für ein Buch suchen Sie? *(Abenteuerroman)*
6. Welches Kleid gefällt dir besser? *(schwarz)*

A12 **Einkaufen in Berlin**

Sie gehen in ein Kaufhaus und möchten etwas für Ihre Familie und Freunde kaufen. Wo finden Sie die folgenden Artikel?

■ ein Matchboxauto für Ihren Sohn
Das Matchboxauto finde ich in der 3. Etage.

1. ein Paar Sportschuhe für Ihre Tochter

....

2. ein neues Parfüm für Ihre Frau/Ihren Mann

....

3. ein Buch über Berlin zur Erinnerung

....

4. ein Tablet für Ihre Mutter

....

5. eine neue Aktentasche für einen Freund

....

KAUFHAUS 🛒

4.
- Haushaltswaren
- Gartenmöbel
- Restaurant ◆ Toiletten
- Kundenservice

3.
- Spielwaren
- Kinderbekleidung
- Sport und Freizeit

2.
- Herrenbekleidung
- Unterwäsche Herren
- Herrenschuhe
- Computer ◆ Unterhaltungselektronik
- Musik ◆ Film

1.
- Damenbekleidung
- Damenschuhe
- Unterwäsche Damen

EG
- Kosmetik ◆ Lederwaren
- Bücher ◆ Schreibwaren
- Reisebüro ◆ Uhren
- Schmuck

A13 Verschiedene Produkte
Ordnen Sie zu und sammeln Sie weitere Wörter. Diskutieren Sie mit Ihrer Nachbarin/Ihrem Nachbarn.

das Flugticket ▪ die Ohrringe ▪ die Halskette ▪ der Kriminalroman ▪ das Hotelzimmer ▪ das T-Shirt ▪ das Parfüm ▪ die Augencreme ▪ die Lautsprecher (Pl.) ▪ der Lippenstift ▪ das Wörterbuch ▪ die Zugfahrkarte ▪ die Hose ▪ das Internetradio ▪ der Pullover

Kosmetik
....
....
....

Reisen
....
....
....
....

Bücher
....
....
....

Schmuck
....
....
....
....

Kleidung
....
....
....

Unterhaltungselektronik
....
....
....
....

A14 Gespräche

a) Sie hören drei kurze Gespräche. Sie hören jeden Text nur einmal. Kreuzen Sie an: *a*, *b* oder *c*.

1. Was schenken die Kollegen Katja zum 30. Geburtstag?

a    b    c

2. Was will Christine ihrem Mann zu Weihnachten schenken?

a    b    c

3. Welches Möbelstück kann der Mann nicht umtauschen?

a    b    c

b) Hören Sie das Gespräch zwischen Christine und Henry noch einmal und ergänzen Sie die fehlenden Wörter.

Henry: Christine, was schenkst du .... (1) Mann zu Weihnachten?

Christine: Das ist eine gute Frage, Henry. Im letzten Jahr habe ich .... (2) ein paar Socken geschenkt. Socken kann man immer .... (3)

Henry: Hat er sich darüber .... (4)?

Christine: Ich glaube, nicht wirklich. Was schenkst du .... (5) Frau zu Weihnachten?

Henry: Ich schenke .... (6) neue Stiefel. Im Internet habe ich tolle Stiefel gefunden, die waren um 30 Euro .... (7)

Christine: Also, Stiefel kann ich .... (8) Mann nicht schenken. Die muss er .... (9). Vielleicht finde ich irgendwo einen warmen Schlafanzug. … Ich kann aber auch mal im Internet nach Pullovern suchen. Ein warmer Pullover ist sicher ein schönes Geschenk, ... (10) wir im Januar in den Winterurlaub fahren.

Henry: Ja, mach das. Ich sende .... (11) gleich den Link von einem guten Online-Händler.

Christine: Danke, das ist nett.

Verben mit Dativ und Akkusativ *(Wiederholung)* ⇨ Teil C Seite 89

Das Verb regiert im Satz.

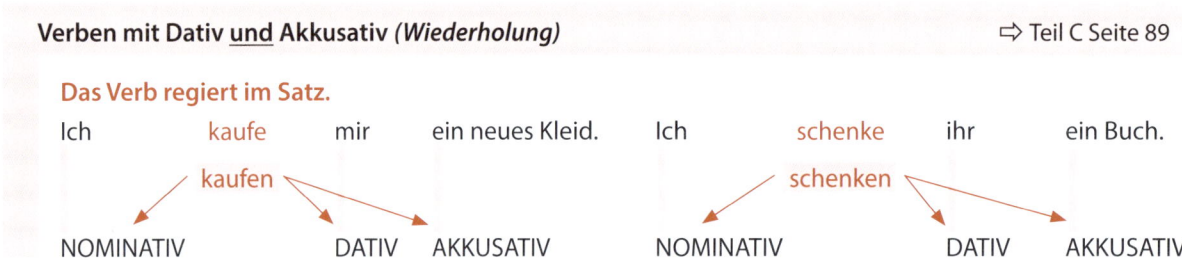

Ich   kaufe   mir   ein neues Kleid.   Ich   schenke   ihr   ein Buch.

kaufen   schenken

NOMINATIV   DATIV   AKKUSATIV   NOMINATIV   DATIV   AKKUSATIV

A15 **Was kaufen/schenken Sie wem? Was bringen Sie wem mit?**

a) Benutzen Sie die Nomen aus A13 und bilden Sie Sätze.

meine Tante ▪ mein Onkel ▪ meine Mutter ▪ mein Vater ▪ mein Sohn ▪ meine Tochter ▪ mein Bruder ▪ meine Schwester ▪ mein Freund ▪ meine Freundin ▪ meine Frau ▪ mein Mann ▪ meine Chefin ▪ mein Chef ▪ meine Lehrerin ▪ mein Lehrer ▪ …

▪ *Ich bringe meiner Tante ein Buch mit.* oder: *Ich kaufe/schenke meiner Tante ein Buch.*

1. ....
2. ....
3. ....
4. ....
5. ....
6. ....

b) Spielen Sie ähnliche Gespräche wie in A14b.

▪ A: Was schenkst du … *(zum Geburtstag/zu Weihnachten)*?

☐ B: Ich schenke … …kann man immer gebrauchen. Was schenkst du …?

▪ A: Ich habe … gefunden. Die waren um … Prozent reduziert.

☐ B: Das ist eine gute Idee. Vielleicht suche ich auch mal nach …

A16 Gemeinsam ein Geschenk kaufen
Spielen Sie einen Dialog.

Julia und Ben haben ein Baby bekommen. Sie möchten gemeinsam mit Ihrer Nachbarin/Ihrem Nachbarn am Samstag ein Geschenk einkaufen. Finden Sie einen Termin. Sie haben schon einige Termine im Kalender stehen.

- A: Wollen wir am Samstag zusammen das Geschenk für das Baby von Julia und Ben kaufen?
  - B: Ja. Das ist eine gute Idee./Ja, das können wir machen.
    Hast du am Vormittag Zeit?/Wollen wir uns um 10.00 Uhr treffen?
- A: Das tut mit leid, …

 A17 Phonetik: Konsonanten d [d] – t [t], b [b] – p [p], g [g] – k [k]
Hören und wiederholen Sie.

danken [d] – trinken [t]

d	[d]	danken – Bilder
t/d	[t]	trinken – Internet
	[t]	Stadt
	[t]	und (Im Auslaut spricht man d wie t.)

backen [b] – planen [p]

b	[b]	backen – haben
p/b	[p]	planen – verpassen
	[p]	gelb (Im Auslaut spricht man b wie p.)

geben [g] – kaufen [k]

g	[g]	geben – Tage
k/g	[k]	kaufen – Drucker
	[k]	Tag (Im Auslaut spricht man g wie k.)

Übung: [t] – [p] – [k]

- Hemd – Student – Wand – Geld – Freund – Dokument – Stift – Kleid – Land
- ab – gelb – Verb – lieb
- Dank – Tag – Dialog
- Mein Freund braucht Geld für das Hemd.
  Hören Sie den Dialog.
  Sie trägt jeden Tag ein neues Kleid.
  Ergänzen Sie das Verb.
  Liegt das Dokument im Schrank?

A18 Einkaufsverhalten
Berichten Sie.

- Was kaufen Sie gern und wo kaufen Sie am liebsten ein?
- Haben Sie schon einmal ein Produkt gekauft und den Betrag in Raten bezahlt?
- Worauf achten Sie beim Einkaufen? *(auf den Preis, auf die Herstellung, auf die Produktionsbedingungen)*
- Haben Sie bestimmte Konsumprodukte schon einmal selbst gemacht? *(Marmelade gekocht, Gemüse angebaut, Kosmetik hergestellt)*

A19 Veränderungen im Konsumverhalten
Lesen und hören Sie den Text.

1.21

Konsumtrends

Unser Konsumverhalten hat sich in den letzten Jahr-
zehnten stark verändert, das haben Untersuchungen
immer wieder bestätigt. Die größte Veränderung
gibt es im Bereich des Bezahlens: Früher haben die
5 Leute nur etwas gekauft, wenn sie das Geld für das
Produkt hatten. Das alte Motto „Wenn kein Geld da
ist, kann man auch kein Geld ausgeben" gilt nicht
mehr. Heute ist oft eine sogenannte Ratenzahlung
möglich, das heißt, man zahlt in kleinen Teilen (in
10 Raten). Wenn man zum Beispiel ein neues Smartphone haben möchte, bezahlt* man beim Kauf nur
einen kleinen Betrag. Den Rest des Kaufpreises
zahlt man Monat für Monat ab.

Auch der Grund des Einkaufens hat sich verändert.
15 Man kauft Produkte nicht nur, weil man sie dringend
zum Leben braucht. Man kauft auch Dinge einfach
nur aus Spaß, weil sie im Trend liegen oder weil man
sie unbedingt besitzen möchte.

Die Wissenschaftler unterscheiden zwei Tendenzen
20 beim Konsum: den bewussten Konsum und den Turbo-
Konsum. Die erste Gruppe achtet zum Beispiel bei
Lebensmitteln auf Bioqualität, bei anderen Produkten
z. B. auf die Herkunft und die Produktionsbedingungen. Die zweite Gruppe, die Turbo-Konsumenten,

25 schauen besonders auf den Preis und weniger auf die
Herstellung des Produkts. Auch die Marke kann bei
der Produktauswahl eine Rolle spielen.

Ein ganz neuer Trend ist die eigene Herstellung von
Produkten. Durch die vielen Videos im Internet haben
30 Konsumenten ein neues Hobby gefunden: Sie stellen
Lebensmittel wie Marmelade oder Kosmetikartikel
selbst her. In Großstädten bauen immer mehr
Menschen in Gemeinschaftsgärten oder Kleingärten
ihr eigenes Obst und Gemüse an. Auch hier hilft
35 das Internet mit Informationen und Tipps.

* bezahlen = zahlen

A20 Informationen aus dem Text
Was steht im Text? Kreuzen Sie an: *a, b* oder *c*.

1. Früher
a) ☐ hat man nur Geld ausgegeben, wenn man es hatte.
b) ☐ haben Menschen das Geld weniger geachtet.
c) ☐ hatten die Menschen nicht so viel Geld.

2. Ratenzahlung bedeutet:
a) ☐ Man zahlt mit Kreditkarte.
b) ☐ Man zahlt den Kaufpreis erst nach vielen Monaten.
c) ☐ Man bezahlt jeden Monat einen kleinen Betrag.

3. Beim Einkaufen
a) ☐ finden die Menschen den Preis besonders wichtig.
b) ☐ hat man heute sehr viel Spaß.
c) ☐ gibt es heute verschiedene Trends.

4. Wenn man Produkte selbst machen möchte,
a) ☐ braucht man einen eigenen Garten.
b) ☐ kann man Informationen im Netz bekommen.
c) ☐ muss man auf Bioqualität achten.

A21 Textarbeit

a) Lange Wörter. Hören Sie die Wörter und sprechen Sie sie nach.

1.22

das Konsumverhalten ▪ die Ratenzahlung ▪ der Kaufpreis ▪ der Turbokonsum ▪ das Lebensmittel ▪ die Produktionsbedingung ▪ die Produktauswahl ▪ die Selbstherstellung ▪ die Kosmetikartikel ▪ die Großstadt ▪ der Gemeinschaftsgarten

b) Was passt zusammen? Ordnen Sie zu. Orientieren Sie sich am Text.

(1) Geld für ein Produkt	(a)	spielen
(2) etwas in Raten	(b)	achten
(3) den Rest des Kaufpreises Monat für Monat	(c)	unterscheiden
(4) Produkte zum Leben	(d)	anbauen
(5) zwei Tendenzen	(e)	herstellen
(6) auf den Preis/die Qualität/die Herstellung	(f)	abbezahlen
(7) bei der Produktauswahl eine Rolle	(g)	brauchen
(8) ein Produkt selbst	(h)	haben/ausgeben
(9) Obst und Gemüse selbst	(i)	zahlen/bezahlen

c) Gründe und Bedingungen. Welche Sätze passen zusammen? Ordnen Sie zu.

(1) Früher haben die Leute nur etwas gekauft,   (a) kann man auch kein Geld ausgeben.

(2) Wenn kein Geld da ist,   (b) weil man sie dringend zum Leben braucht.

(3) Wenn man ein neues Smartphone haben möchte,   (c) weil sie im Trend liegen.

(4) Man kauft Produkte nicht nur,   (d) wenn sie das Geld für das Produkt hatten.

(5) Man kauft auch Dinge,   (e) bezahlt man beim Kauf nur einen kleinen Betrag.

A22 Diskussion

Diskutieren Sie in kleinen Gruppen und berichten Sie.

● Zu welcher Gruppe der Konsumenten gehören Sie?

● Haben Sie selbst oder Freunde/Verwandte von Ihnen schon einmal Produkte hergestellt (z. B. Marmelade, ein Möbelstück, einen Kosmetikartikel)?

● Kennen Sie Leute, die viele Produkte selbst machen? Warum tun sie das?

Wörter rund ums Geld

A23 An einem Automaten Geld abheben

In welcher Reihenfolge erscheinen die folgenden
Aufforderungen in Deutschland?

☐ Möchten Sie Geld abheben?

☐ *1* Führen Sie Ihre Karte ein.

☐ Geben Sie Ihre Geheimzahl ein und drücken Sie die Taste „Bestätigung".

☐ Bitte warten.

☐ Entnehmen Sie Ihre Karte.

☐ Wählen Sie den gewünschten Betrag./Geben Sie den Betrag ein.

A24 Ein Girokonto bei einer Online-Bank eröffnen
Ergänzen Sie die fehlenden Begriffe.

Frau Blum möchte bei einer Online-Bank ein Konto eröffnen. Sie hat auf der Seite der Bank das folgende Formular ausgefüllt.

> Geburtsname ▪ Wohnstatus ▪ Geburtsdatum ▪ Geburtsort ▪ **Anrede** ▪ Titel ▪ Land ▪ Name ▪ Ausgaben ▪
> Familienstand ▪ PLZ, Ort ▪ Tätigkeit ▪ Staatsangehörigkeit ▪ Nettoeinkommen ▪ E-Mail

Kontoeröffnung – Ihre Angaben   MEINE ONLINE-BANK

Kontoinhaber

Anrede
☒ Frau   ○ Herr

..............(1) Vorname(n)
Dr.   Sabine Christiane

..............(2)   ....(3)
Blum   Lange

..............(4)   ....(5)
08.08.1988   Berlin

..............(6)   ....(7)
ledig   Deutsch

..............(8) Telefon (tagsüber)
sblum@t-online.de   +49 176 657635

Einnahmen

..............(12) Lehrerin

Aktuelles ....(13) pro Monat in Euro
2 800,–

Anschrift

Straße, Hausnummer   ....(9)
Joachimsthaler Str. 50   10623 Berlin

..............(10) wohnhaft seit (Jahr)
Deutschland   1988

..............(11)
Miete

Steuerliche Ansässigkeit

Ich bin ausschließlich in Deutschland steuerlich ansässig.   ☒ ja   ○ nein

Monatliche Ausgaben

Wohnen   1 000,–

andere
..............(14)   500,–

A25 Telefongespräch mit der Bank
Sie haben Ihre Bankkarte verloren und möchten jetzt Ihr Konto sperren lassen.
Rufen Sie bei der Bank an und erklären Sie die Situation.

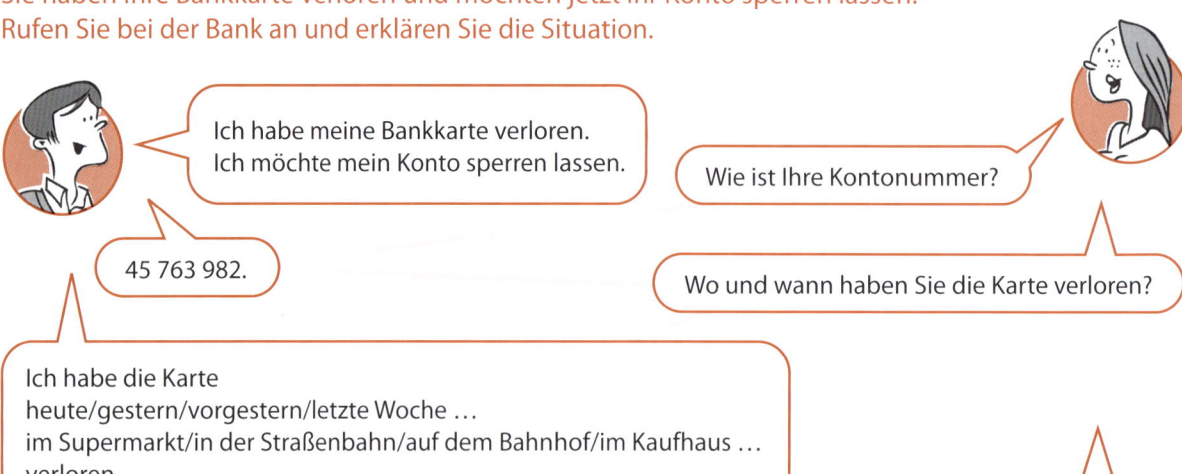

A26 Quiz
Was ist richtig? Kreuzen Sie an.

1. Wo hat man kein Geld?
   a) ☐ im Portemonnaie   b) ☐ auf der Bank   c) ☐ im Internet

2. Was kann man bei einer Bank nicht haben?
   a) ☐ eine Rechnung   b) ☐ ein Konto   c) ☐ ein Sparbuch

Was ist nicht richtig? Kreuzen Sie an.

3. Ein Konto kann man:
   a) ☐ eröffnen   b) ☐ sperren   c) ☐ einzahlen

4. Bei einer Bank kann man Geld:
   a) ☐ einzahlen   b) ☐ abheben   c) ☐ beraten

5. Sie wollen Geld am Automaten bekommen. Was brauchen Sie?
   a) ☐ eine Kontokarte   b) ☐ eine Geheimzahl   c) ☐ einen Kredit

6. Was kann man mit Geld noch?
   a) ☐ verkaufen   b) ☐ wechseln   c) ☐ überweisen

A27 Ein Gespräch auf der Bank
Hören Sie ein Gespräch. Was ist richtig? Kreuzen Sie an.

1.23

1. Was möchte Juan auf der Bank?   ☐ ein Konto   ☐ einen Kredit
2. Juan möchte sich   ☐ ein Auto kaufen   ☐ eine Wohnung kaufen
3. Juan hat jeden Monat   ☐ hohe Ausgaben   ☐ hohe Einnahmen
4. Wie viel Geld braucht Juan?   ☐ 40 000 Euro   ☐ 4 000 Euro
5. Bekommt Juan das Geld?   ☐ vielleicht   ☐ ganz sicher

A28 Bankwortschatz
Welches Wort ist richtig? Markieren Sie.

1. Juan zieht mit seiner Familie nach Deutschland.
   Dort muss er auf der Bank ein Konto *eröffnen/einzahlen*.

2. Auf das Konto muss er Geld *spenden/einzahlen*.

3. Sein Arbeitgeber *überweist/gibt* ihm sein Gehalt jeden
   Monat auf das Konto.

4. Juan bekommt eine Bankkarte. Damit kann er auf der Bank
   oder am Automaten Geld *abheben/ausgeben*.

5. Zum Glück gibt es in vielen Ländern den Euro.
   Juan braucht kein Geld mehr zu *sparen/wechseln*.

6. Juan möchte sich in Deutschland ein Auto kaufen.
   Dafür braucht er *einen Kredit/eine Rechnung*, denn er hat
   nicht genug Geld auf dem Konto.

7. Für den Kredit muss er *Zinsen/1 000 Euro* bezahlen. Die sind sehr hoch.

8. In den ersten Monaten in Deutschland muss Juan viel
   Geld *ausgeben/spenden*.

9. Da bleibt kein Euro übrig. Er kann dieses Jahr nichts für
   soziale Organisationen *spenden/abheben*.

10. Wenn Juan die Bankkarte verliert, muss er sein Konto
    zuschließen/sperren lassen.

Lotto – Der Traum vom Reichtum

A29 **Lotto**
Beantworten Sie die folgenden Fragen.

- Gibt es in Ihrem Heimatland eine Lotterie?
- Wenn ja, wie viel Geld kann man gewinnen?
- Spielen Sie Lotto? Warum? Warum nicht?
- Haben Sie schon einmal Geld im Lotto gewonnen?

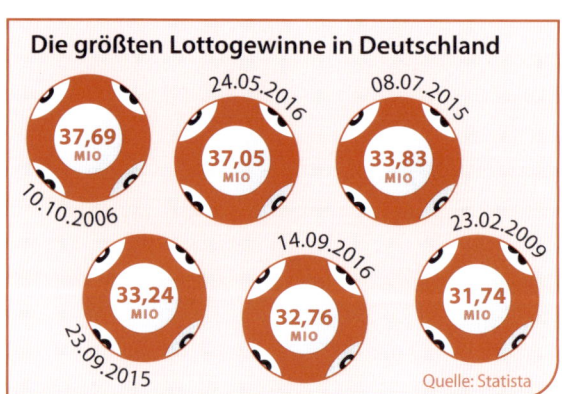

Die größten Lottogewinne in Deutschland

37,69 MIO — 10.10.2006
37,05 MIO — 24.05.2016
33,83 MIO — 08.07.2015
33,24 MIO — 23.09.2015
32,76 MIO — 14.09.2016
31,74 MIO — 23.02.2009

Quelle: Statista

A30 **Wussten Sie das schon?**
Lesen und hören Sie den folgenden Text.

Wie viele Lottomillionäre gibt es in Deutschland?

Am 9. Oktober 1955 um 16.00 Uhr ist es zum ersten Mal passiert. In einem Hamburger Hotel drehten sich 49 Kugeln in einer Trommel und ein Kind durfte sechs Kugeln aus der Trommel nehmen. Das
5 war die Geburtsstunde von „6 aus 49". An der ersten Spielrunde haben 257 914 Spieler teilgenommen.

Heute beträgt die Anzahl der Lottoscheine 4 500 000. Den ersten großen Gewinn mit sechs richtigen Zahlen gab es im November 1955. Die Gewinnsumme
10 war 180 000 DM. Erst im September 1956 konnte Deutschland seinen ersten Lottomillionär feiern. Bis heute gibt es rund 1 500 Lottomillionäre.

A31 **Wörter zum Thema Lotto**
Sammeln Sie Wörter aus dem Text. Schlagen Sie unbekannte Wörter im Wörterbuch nach.

die Lottomillionäre, die Kugeln, ...
....
....
....

A32 **Was würden Sie tun?**
Stellen Sie sich vor: Sie würden 9,1 Millionen Euro im Lotto gewinnen. Was würden Sie tun? Fragen Sie auch Ihre Nachbarin/Ihren Nachbarn und berichten Sie.

> nicht mehr arbeiten ▪ ein Auto/ein Haus/eine Wohnung … kaufen ▪ eine Weltreise/eine Kreuzfahrt machen ▪ Freunde zu einer großen Party einladen ▪ das Geld verschenken ▪ einen Teil des Geldes der Kirche/dem Tierheim/einer Hilfsorganisation/für soziale Zwecke spenden ▪ einen Film produzieren ▪ eine Firma gründen ▪ ein Leben in Saus und Braus führen* ▪ ein Gemälde von Picasso ersteigern ▪ …

- Ich würde …
- Meine Nachbarin/Sie würde …
- Mein Nachbar/Er würde …

ein Leben in Saus und Braus führen = im Luxus leben

Der Konjunktiv II: Hypothese

⇨ Teil C Seite 92

Indikativ (real)	Konjunktiv (irreal)
Ich habe nicht im Lotto gewonnen.	Wenn ich im Lotto gewinnen würde,
Ich habe kein Geld.	hätte ich Geld.
Ich bin arm.	wäre ich reich.
	→ Hilfsverben: hätte/wäre
Ich arbeite jeden Tag.	würde ich nicht mehr arbeiten.
	→ die meisten Verben: würde + Infinitiv

Satzbau	Nebensatz			Hauptsatz		
	Subjunktion		konjugiertes Verb	konjugiertes Verb		Infinitiv
	Wenn	ich im Lotto gewinnen	würde,	wäre	ich reich.	
				würde	ich nicht mehr	arbeiten.

A33 **Wünsche und Träume**
Ergänzen Sie die Sätze.

a) Wenn ich reich wäre, ...

Wenn ich heute Abend Zeit hätte, ...

Wenn ich ab morgen Urlaub hätte, ...

Wenn ich noch mal 18 wäre, ...

Wenn mir jemand ein Bild von Picasso schenken würde, ...

b) Millionär ▪ König/Königin meines Landes ▪ mein eigener Chef ▪ ein
berühmter Schauspieler ▪ ein tolles Auto ▪ ein großes Haus ▪ einen
Hund ▪ nach Japan fahren ▪ ein Bild malen ▪ ein Buch schreiben ▪ …

Ich wäre gern ....

Ich hätte gern ....

Ich würde gern *(einmal)* ....

c) Geben Sie Wünsche im Konjunktiv II wieder.

▪ Jutta ist nicht reich, aber sie *wäre gern reich*.

1. Wir fahren diesen Sommer nicht weg, aber wir ....

2. Rainer und Gabi haben keinen Hund, aber sie ....

3. Ich habe viel zu wenig Zeit, aber ich ....

4. Ulrike geht heute Abend nicht ins Konzert, aber sie ....

5. Ich kaufe mir diesen Diamantring nicht, aber ich ....

A34 **Können Sie sich das vorstellen?**
Antworten Sie.

Jemand gewinnt 9,1 Millionen Euro im Lotto und will das Geld nicht haben. Was meinen Sie?

A35 Der Lottogewinn
Lesen und hören Sie den folgenden Text.

Lottomillionär unbekannt!

Vor einigen Jahren gewann ein unbekannter Mann mit sechs richtigen Zahlen im Spiel „6 aus 49" 9,1 Millionen Euro. Er hatte die Zahlen in der Zeitung gelesen und wusste: Er war jetzt Millionär!
5 Aber, und das ist unglaublich, erst zehn Wochen später meldete er sich bei der Lottozentrale.

Und stellen Sie sich die Überraschung in der Zentrale vor: Der neue Lottomillionär wollte das Geld nicht haben! Er wollte kein Leben
10 in Saus und Braus führen. Der Gewinner spendete die gesamten 9,1 Millionen Euro für soziale Zwecke.

In ganz Lotto-Deutschland
15 gab es das noch nie. „So etwas habe ich noch nicht erlebt", meinte ein Angestellter der Lottozentrale. Viele Gewinner sagen, sie wollen mit
20 dem Geld auch etwas Gutes tun, aber nur ganz wenige Gewinner tun es wirklich. Einen kompletten Gewinn hat noch niemand gespendet.

25 Natürlich interessierten sich Nachrichtensender und Boulevard-Magazine für diesen unbekannten Mann und wollten über ihn berichten. Doch der Gewinner möchte anonym bleiben, die Lottozentrale hat den Namen bis heute nicht bekannt gegeben.

30 Der Angestellte aus Dortmund geht weiter jeden Tag zur Arbeit, hat ein Haus, ein schönes Auto und lebt ganz unauffällig in seiner vertrauten Umgebung.

A36 Informationen aus dem Text
Was ist richtig, was ist falsch? Kreuzen Sie an.

	richtig	falsch
1. In Dortmund hat ein Mann 9,1 Millionen Euro im Lotto gewonnen.	☐	☐
2. Der unbekannte Mann hat erst nach zehn Wochen von seinem Gewinn erfahren.	☐	☐
3. Nachrichtensender und Boulevard-Magazine haben über den Gewinner berichtet.	☐	☐
4. Schon viele Lottogewinner haben Geld für soziale Zwecke gespendet.	☐	☐
5. Das Leben des Gewinners hat sich nicht verändert.	☐	☐

A37 Textarbeit: Adjektive
Ordnen Sie die richtigen Adjektive zu.

vergleichbarer ▪ unbekannter ▪ kaufmännischer ▪ soziale ▪ schönes ▪ vertrauten ▪ gesamten ▪ wenige

1. Ein .... Mann hat 9,1 Millionen Euro gewonnen.

2. Er spendete den .... Gewinn für .... Zwecke.

3. In ganz Lotto-Deutschland ist kein .... Fall bekannt.

4. Nur ganz .... Gewinner tun mit dem Geld etwas Gutes.

5. Der Gewinner ist ein .... Angestellter aus Dortmund.

6. Er hat ein .... Auto.

7. Er lebt weiter in seiner .... Umgebung.

A38 **Textarbeit: Verben im Perfekt**
Ergänzen Sie die Verben in der richtigen Form.

1. Vor einigen Jahren .... ein unbekannter Mann im Spiel „6 aus 49"

   9,1 Millionen Euro .... *(gewinnen)*

2. Er .... die Zahlen in der Zeitung .... *(lesen)*

3. Er .... sich aber erst nach zehn Wochen bei der Lottozentrale .... *(melden)*

4. Er .... den gesamten Gewinn für soziale Zwecke .... *(spenden)*

5. „So etwas .... ich noch nie ...." *(erleben)*

A39 **Wünsche und Träume**
Haben Sie auch Wünsche und Träume? Diskutieren Sie mit Ihrer Nachbarin/Ihrem Nachbarn.

1. Welche historische Persönlichkeit würden Sie gern treffen?

   Sie: *Ich würde gern* ....

   ....

   Ihre Nachbarin/Ihr Nachbar: ....

2. Mit welcher Schauspielerin/welchem Schauspieler würden Sie am liebsten ein Wochenende verbringen?

   Sie: ....

   ....

   Ihre Nachbarin/Ihr Nachbar: ....

   ....

3. Welche Sprache würden Sie gern sprechen?

   Sie: ....

   ....

   Ihre Nachbarin/Ihr Nachbar: ....

4. Wo hätten Sie gern ein Ferienhaus?

   Sie: *Ich hätte gern* ....

   Ihre Nachbarin/Ihr Nachbar: ....

   ....

5. Welchen Beruf würden Sie gern erlernen und ausüben?

   Sie: ....

   ....

   Ihre Nachbarin/Ihr Nachbar: ....

   ....

6. Wie viel Geld würden Sie gern im Monat verdienen?

   Sie: ....

   ....

   Ihre Nachbarin/Ihr Nachbar: ....

   ....

7. Wo wären Sie in diesem Moment am liebsten?

   Sie: *Ich wäre gern* ....

   ....

   Ihre Nachbarin/Ihr Nachbar: ....

   ....

8. Im Märchen erfüllt eine gute Fee Wünsche. Was würden Sie sich wünschen?

   Sie: ....

   ....

   Ihre Nachbarin/Ihr Nachbar: ....

   ....

Wissenswertes *(fakultativ)*

B1 **Trinkgeldquiz**
Wie viel Trinkgeld gibt man normalerweise in einem Restaurant?

1. In Nordamerika und Kanada
   a) ☐ 5 bis 10 %
   b) ☐ immer einen Dollar
   c) ☐ 15 bis 20 %

2. In arabischen Ländern
   a) ☐ 10 bis 15 %
   b) ☐ kein Trinkgeld
   c) ☐ 25 %

5. In skandinavischen Ländern
   a) ☐ 10 %
   b) ☐ 15 %
   c) ☐ 5 %

3. In Japan oder China
   a) ☐ 10 %
   b) ☐ 20 %
   c) ☐ kein Trinkgeld

6. In mittel- und südeuropäischen Ländern
   a) ☐ 10 %
   b) ☐ kein Trinkgeld
   c) ☐ 20 %

4. In der Schweiz
   a) ☐ 5 %
   b) ☐ 15 %
   c) ☐ kein Trinkgeld

7. Auf den Südsee-Inseln (z. B. Tahiti, Bora Bora)
   a) ☐ kein Trinkgeld
   b) ☐ 10 %
   c) ☐ 15 %

B2 **Trinkgeld weltweit**
Lesen und hören Sie den folgenden Text.

1.26

Regeln für das Trinkgeld

Es gibt schon viele Doktorarbeiten über das Thema Trinkgeld, denn das Thema ist nicht ganz einfach. Jede Branche – vom Kellner bis zum Taxifahrer – hat ihre eigenen Gesetze.

Die einfachsten Regeln gibt es für Restaurantbesuche. Europaweit kann man sagen: Die Kellner erwarten ungefähr fünf bis zehn Prozent Trinkgeld. Im Norden, also in skandinavischen Ländern, sind es eher fünf Prozent, in südlichen Ländern, in Spanien und Griechenland, sind es zehn Prozent.

In der Schweiz gibt man normalerweise gar kein Trinkgeld, weil das Trinkgeld im Preis inbegriffen ist.[1] In arabischen Ländern und in der Türkei sind zehn bis fünfzehn Prozent Trinkgeld richtig.

In Japan und China müssen Sie vorsichtig sein. Außerhalb von Touristengegenden[2] gilt Trinkgeld als Beleidigung. Das ist auf den Südsee-Inseln genauso. Dort ist Gastfreundschaft besonders wichtig und die Annahme von Trinkgeld ist verboten.

In Nordamerika und in Kanada ist das Trinkgeld ein wichtiger Teil des Einkommens. Üblich sind fünfzehn oder zwanzig Prozent, in sehr guten Restaurants fünfundzwanzig Prozent. Oft gelten Gäste aus Europa in Amerika als geizig, weil sie so viel Trinkgeld nicht gewöhnt sind und nur zehn Prozent geben.

1 Das Trinkgeld ist im Preis inbegriffen. = Es steht schon auf der Rechnung.
2 Touristengegend = Ort bzw. Stadt, wo viele Touristen sind

B3 **Informationen aus dem Text**

a) Was ist richtig, was ist falsch? Kreuzen Sie an.

	richtig	falsch
1. Das Thema Trinkgeld ist ganz neu.	☐	☐
2. Für jede Branche gibt es Regeln.	☐	☐
3. Europaweit sind ungefähr fünf bis zehn Prozent Trinkgeld richtig.	☐	☐
4. In der Schweiz legt man das Trinkgeld auf den Tisch.	☐	☐
5. In arabischen Ländern und in der Türkei zahlt man kein Trinkgeld.	☐	☐
6. In Japan und China kann Trinkgeld negativ wirken.	☐	☐
7. In Nordamerika verdienen die Kellner sehr viel Geld.	☐	☐
8. Gäste aus Europa geben in Amerika gern sehr viel Trinkgeld.	☐	☐

b) Wie heißt die richtige Präposition? Markieren Sie.

über – aus – von   ■ Es gibt schon viele Doktorarbeiten *über* das Thema Trinkgeld.

von – für – mit   1. Die einfachsten Regeln gibt es .... Restaurantbesuche.

in – bis – über   2. Kellner erwarten ungefähr fünf .... zehn Prozent Trinkgeld.

aus – von – in   3. .... skandinavischen Ländern sind es eher fünf Prozent Trinkgeld.

in – aus – mit   4. .... China gilt Trinkgeld als Beleidigung.

zu – mit – von   5. Die Annahme .... Trinkgeld ist auf den Südsee-Inseln verboten.

in – aus – mit   6. Oft gelten Gäste .... Europa in Amerika als geizig.

B4 **Die teuersten Städte der Welt**

a) Raten Sie: Welche drei Städte sind die teuersten Städte der Welt?

b) Lesen und hören Sie den folgenden Text.   teuer – teurer – am teuersten/die teuerste Stadt

---

Wo es besonders teuer ist …

Die gute Nachricht zuerst: Zu den teuersten Städten der Welt zählt keine deutsche Stadt. Lesen Sie hier, wo man für das Leben tief in die Tasche greifen muss.[1]

5 Auf der Liste der teuersten Orte weltweit stehen, wie kann es auch anders sein, die üblichen Verdächtigen[2]: Tokio, London und Paris. Die zwei teuersten Städte liegen aber in der Schweiz. Zürich führt die Liste der Städte mit den höchsten Kosten an, auf den Plätzen 10 zwei und drei folgen Genf und die norwegische Hauptstadt Oslo. Kopenhagen belegt Platz vier, gefolgt von New York, Tokio und Mailand. Die Touristenmagnete London und Paris sind auf den Plätzen acht und zwölf zu finden. Unter den 20 teuersten 15 Metropolen ist keine deutsche Stadt zu finden. Die teuerste Stadt der Welt kann auch mit einer hohen Lebensqualität punkten, denn Zürich liegt bei den lebenswertesten Städten der Welt immerhin auf Platz zwei, hinter der österreichischen Hauptstadt Wien. 20 Das hat das Beratungsunternehmen Mercer in einer Umfrage zur Lebensqualität von Städten ermittelt.

Auch die deutschen Metropolen belegen gute Plätze: München teilt sich mit Auckland und Vancouver Platz drei, Düsseldorf kommt auf Platz sechs und 25 Frankfurt am Main auf Platz sieben. Berlin schafft es an die 13. Stelle der Städteliste. Für den Vergleich bewertete man die Städte nach 39 Kriterien, dazu gehörten zum Beispiel: Umwelt, Sicherheit, Gesundheit, Bildung, Verkehr und Freizeitangebote.

Tokio

---

1   jemand muss tief in die Tasche greifen = Man muss viel Geld ausgeben.
2   die üblichen Verdächtigen = Diese *(Städte)* sind immer dabei.

B5 **Textarbeit: Verben**
Ergänzen Sie die fehlenden Verben in der richtigen Form.

gehören ▪ folgen ▪ belegen ▪ finden ▪ **zählen** ▪ ermitteln ▪ teilen ▪ greifen ▪ stehen ▪ anführen ▪ bewerten

▪ Zu den teuersten Städten der Welt *zählt* keine deutsche Stadt.

1. In manchen Städten muss man tief in die Tasche ....

2. Auf der Liste der teuersten Orte weltweit .... die üblichen Verdächtigen.

3. Zürich .... die Liste ....

4. Auf den Plätzen zwei und drei .... Genf und Oslo.

5. Kopenhagen .... Platz vier.

6. Unter den 20 teuersten Metropolen kann man keine deutsche Stadt ....

7. Vor Kurzem hatte ein Unternehmen die Städte mit der höchsten Lebensqualität ....

8. München .... sich mit Auckland und Vancouver Platz drei.

9. Für den Vergleich .... man die Städte nach 39 Kriterien.

10. Zu den Kriterien .... zum Beispiel: Umwelt, Sicherheit, Gesundheit, Bildung, Verkehr und Freizeitangebote.

B6 **Ihre Stadt**
Berichten Sie.

zählen zu/gehören zu + Dativ

● Wohnen Sie in einer teuren Stadt?

● Wie teuer ist Ihre Stadt im Vergleich zu anderen Städten im Land?

● Was bezahlen Sie z. B. für einen „Hamburger", ein Essen oder ein Glas Mineralwasser in einem normalen Restaurant?

● Hat Ihre Stadt (nach Ihrer Meinung) eine hohe Lebensqualität?

Frankfurt am Main

Moskau

Genf

Haupt- und Nebensätze

Kausalsätze: Warum?

Sie haben verschiedene Möglichkeiten für die Angabe eines Grundes:

1) Ich kaufe mein Brot im Supermarkt, <u>denn es ist dort billiger</u>.
   → **Denn** steht vor einem <u>Hauptsatz</u>.

2) Ich kaufe mein Brot im Supermarkt, <u>weil es dort billiger ist</u>.
   → **Weil** leitet einen <u>Nebensatz</u> ein.

3) <u>Weil es im Supermarkt billiger ist</u>, kaufe ich dort mein Brot.
   → Der <u>Nebensatz</u> kann auch vor dem Hauptsatz stehen. Er zählt dann als Position I.
   Der anschließende Hauptsatz beginnt dann mit dem konjugierten Verb (Position II).

C1   **Kein guter Tag für Petra**
Verbinden Sie die Sätze mit *denn* und *weil*.

■ Sie isst nichts. Sie hat keinen Hunger.

   a) *Sie isst nichts, <u>denn sie hat keinen Hunger</u>.*

   b) *Sie isst nichts, <u>weil sie keinen Hunger hat</u>.*

   c) *<u>Weil sie keinen Hunger hat</u>, isst sie nichts.*

1. Sie kommt zu spät zum Unterricht. Sie hat den Bus verpasst.

   a) ....

   b) ....

   c) ....

2. Sie kann nichts sehen. Sie hat ihre Brille verloren.

   a) ....

   b) ....

   c) ....

3. Sie kann nicht Tennis spielen. Sie hat Schmerzen im Arm.

   a) ....

   b) ....

   c) ....

4. Sie kann im Supermarkt nichts einkaufen. Sie hat ihr Geld vergessen.

   a) ....

   b) ....

   c) ....

5. Sie geht nicht aus. Sie ist müde.

   a) ....

   b) ....

   c) ....

C2 **Warum kommen die Leute zu spät? Nennen Sie Gründe.**

Wecker nicht klingeln ▪ Zug ➝ Verspätung haben ▪ im Stau stehen ▪
Termin vergessen ▪ beim Zahnarzt sein ▪ Auto kaputt sein

▪ Frank kommt zu spät, *weil der Wecker nicht geklingelt hat.*

1. Otto kommt zu spät, ...

2. Michaela kommt zu spät, ...

3. Karl-Heinz kommt zu spät, ...

4. Ilse kommt zu spät, ...

5. Petra kommt zu spät, ...

Konditionalsätze: Wann?

1) Ruf mich an, <u>wenn du Geld brauchst</u>. ➝ <u>Wenn</u> leitet einen <u>Nebensatz</u> ein.

2) <u>Wenn du Geld brauchst</u>, ruf mich an. ➝ Der <u>Nebensatz</u> kann auch vor dem Hauptsatz stehen.

C3 **Bilden Sie Konditionalsätze mit *wenn*.**

▪ Klara will die Prüfung bestehen. Sie muss noch viel lernen.

a) *Wenn Klara die Prüfung bestehen will, muss sie noch viel lernen.*

b) *Klara muss noch viel lernen, wenn sie die Prüfung bestehen will.*

1 Max will einen Kredit aufnehmen. Er muss Zinsen bezahlen.

a) ....

....

b) ....

....

4 Du hast deinen Führerschein zu Hause vergessen. Du darfst nicht mit meinem Auto fahren.

a) ....

....

b) ....

....

2 Wir wollen sparen. Wir dürfen kein Geld ausgeben.

a) ....

....

b) ....

....

5 Ihr wollt Karin vom Bahnhof abholen. Ihr müsst euch beeilen.

a) ....

....

b) ....

....

3 Du hast Kopfschmerzen. Du musst zwei Aspirin-Tabletten nehmen.

a) ....

....

b) ....

....

6 Wir wollen am Sonntag in diesem Zwei-Sterne-Restaurant essen. Wir müssen heute einen Tisch reservieren.

a) ....

....

b) ....

....

C4 **Bilden Sie Nebensätze. Achten Sie auf die Wortfolge.**

■ Die Pianistin kann nicht spielen, (Klavier – wenn – hat – sie – kein).

Die Pianistin kann nicht spielen, *wenn sie kein Klavier hat.*

1. Ich esse diese Woche nur Gemüse, (will – weil – abnehmen – ich).

....

2. Er sieht abends lange fern, (einschlafen – weil – er – kann – nicht).

....

3. Martina hört gern Musik, (fährt – wenn – Auto – sie).

....

4. Herr Schulze sieht nicht gern Krimis, (bei der Polizei – weil – arbeitet – er).

....

5. Kurt ist nervös, (gibt – er – ein – Konzert – wenn).

....

Es ist halt schön,
Wenn wir die Freunde kommen sehn. –
Schön ist es ferner, wenn sie bleiben
Und sich mit uns die Zeit vertreiben. –
Doch wenn sie schließlich wieder gehn,
Ist's auch recht schön.

(Wilhelm Busch 1832–1908)

Verben mit Dativ und Akkusativ

Verben mit Akkusativ

Das Verb regiert im Satz.

Ich   brauche   ein neues Auto.

NOMINATIV   AKKUSATIV

Frage: Wen? Was?
Viele Verben bilden Sätze mit einem Akkusativ-objekt, z. B.: abholen ▪ anrufen ▪ beantworten ▪ besuchen ▪ bezahlen ▪ brauchen ▪ essen ▪ finden ▪ haben ▪ hören ▪ kennen ▪ kosten ▪ lesen ▪ lieben ▪ möchte(n) ▪ öffnen ▪ parken ▪ sehen ▪ trinken

Verben mit Dativ

Das Verb regiert im Satz.

Die Jacke   gefällt   mir.

gefallen

NOMINATIV   DATIV

Frage: Wem?
Einige Verben bilden Sätze mit einem Dativobjekt. Diese Verben müssen Sie lernen:
danken ▪ gefallen ▪ gehören ▪ gratulieren ▪ helfen ▪ passen ▪ schmecken

Verben mit Dativ und Akkusativ

Ich   kaufe   mir   ein neues Kleid.

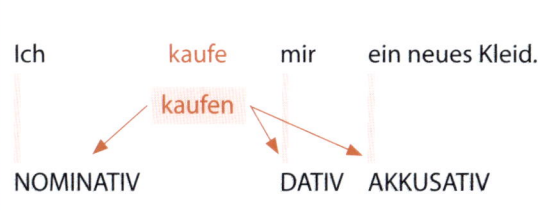

NOMINATIV   DATIV AKKUSATIV

Frage: Wem? Was?
Die folgenden Verben bilden Sätze mit einem Dativ- und einem Akkusativobjekt. Meistens ist das Dativobjekt eine Person, das Akkusativobjekt eine Sache. Bei einigen Verben ist das Dativobjekt nicht obligatorisch.
bringen ▪ geben ▪ kaufen ▪ schenken ▪ schicken ▪ schreiben ▪ senden ▪ zeigen

C5 Verben mit Akkusativergänzung. Bilden Sie Sätze im Perfekt.

- essen – ihr – Salat ?   *Habt ihr den Salat gegessen?*
- essen – ich – Salat   *Ich habe den Salat gegessen.*

1. lesen – du – Buch ? ....
2. finden – ihr – Schlüssel ? ....
3. besuchen – wir – Pergamonmuseum ....
4. anrufen – du – Waschmaschinenmonteur ? ....
5. übersetzen – Frau Klein – Brief ....
6. bezahlen – die Chefin – Rechnung ....
7. hören – wir – Sendung ....
8. sehen – du – Film ? ....

C6 Finden Sie die richtige Ergänzung. Manchmal gibt es mehrere Lösungen.

(1) Der Hund gehört

(2) Wir bezahlen

(3) Der Schreibtisch kostet

(4) Der Portier öffnet

(5) Ich danke

(6) Ich kaufe

(7) Oliver schenkt

(8) Der Arzt hilft

(9) Ich möchte

(10) Frau Krüger beantwortet

(11) Ich brauche

(12) Ich zeige

(13) Ich gratuliere

(a) viel Geld.

(b) die Tür.

(c) dem jungen Mann.

(d) dem Chef.

(e) gerne eine Tasse Kaffee.

(f) die Rechnung.

(g) ein Wörterbuch.

(h) seinem Onkel eine Flasche Whisky.

(i) die E-Mail sofort.

(j) dem Patienten.

(k) meiner Mutter ein spannendes Buch.

(l) dir zum Geburtstag.

(m) dem Mitarbeiter das neue Büro.

Personalpronomen

		Nominativ	Akkusativ	Dativ
Singular	1. Person	ich	mich	mir
	2. Person	du	dich	dir
	3. Person	er	ihn	ihm
		sie	sie	ihr
		es	es	ihm
Plural	1. Person	wir	uns	uns
	2. Person	ihr	euch	euch
	3. Person	sie	sie	ihnen
formell		Sie	Sie	Ihnen

C7 *Dir* oder *dich*? Ergänzen Sie.

- Ich liebe *dich*.

1. Ich rufe .... nächste Woche an.
2. Ich danke ....
3. Ich besuche .... heute Abend.
4. Ich schreibe .... eine Postkarte aus New York.

5. Ich hole .... vom Flughafen ab.
6. Ich sehe .... nächste Woche.
7. Ich besuche ...., wenn ich in München bin.
8. Gehört .... die Jacke?
9. Ich kaufe .... kein Eis mehr.
10. Ich gratuliere ....

C8 Antworten Sie. Ersetzen Sie die Nomen durch Personalpronomen.

- Hast du deiner Mutter zum Geburtstag gratuliert? *Ja, ich habe ihr zum Geburtstag gratuliert.*

1. Hast du deinen Bruder in München besucht? ....
2. Hast du deinen Freunden eine Postkarte geschrieben? ....
3. Hast du Maria bei den Hausaufgaben geholfen? ....
4. Hast du Max schon angerufen? ....
5. Hast du deinen Eltern schon dein Zeugnis gezeigt? ....
6. Hat deinen Kollegen das Essen geschmeckt? ....
7. Hat deinem Vater das Geschenk gefallen? ....
8. Habt ihr Frau Krause die Tabletten gegeben? ....
9. Hast du deiner Tochter eine CD mitgebracht? ....
10. Hast du deiner Frau ein neues Parfüm gekauft? ....

C9 Spielen Sie kurze Dialoge. Formulieren Sie Fragen wie im Beispiel und antworten Sie.

- Was?   Was kaufen Sie gern ein? Was haben Sie letzte Woche gekauft?
  Was kaufen Sie heute zum Abendessen? Was kaufen Sie nie?

Konjunktiv II

Hypothese

Indikativ (real)	Konjunktiv (irreal)
Hilfsverben: Ich habe kein Geld. Ich bin krank.	➜ **hätte/wäre:** Ich hätte gern Geld. Ich wäre gern gesund.
andere Verben: Ich fahre nicht in den Urlaub. Ich arbeite jeden Tag. Ich kaufe mir keinen Porsche.	➜ **würde + Infinitiv:** Ich würde gern in den Urlaub fahren. Ich würde gern nicht mehr arbeiten. Ich würde mir gern einen Porsche kaufen.

Satzbau

Nebensatz			Hauptsatz		
Subjunktion		finites Verb	finites Verb		Infinitiv
Wenn	ich im Lotto gewinnen	würde,	wäre würde	ich reich. ich nicht mehr	arbeiten.

Gebrauch

irreale Bedingung:	Wenn ich im Lotto gewinnen würde, wäre ich Millionär.
irrealer Wunsch:	Ach, hätte ich doch ein schnelleres Auto!
Empfehlung:	Es wäre gut, wenn du mehr Sport treiben würdest.

Konjugation

	ich	du	er/sie/es	wir	ihr	sie/Sie
Indikativ	bin	bist	ist	sind	seid	sind
Konjunktiv II	wäre	wärst	wäre	wären	wärt	wären
Indikativ	habe	hast	hat	haben	habt	haben
Konjunktiv II	hätte	hättest	hätte	hätten	hättet	hätten
Indikativ	fahre	fährst	fährt	fahren	fahrt	fahren
Konjunktiv II	würde fahren	würdest fahren	würde fahren	würden fahren	würdet fahren	würden fahren

C10 **Formulieren Sie Empfehlungen: Es wäre gut, wenn du …**

- weniger arbeiten　*Es wäre gut, wenn du weniger arbeiten würdest.*

1. weniger Geld für Schokolade ausgeben ....
2. nicht mehr rauchen ....
3. immer deine Hausaufgaben machen ....
4. nicht so lange schlafen ....
5. einen Regenschirm mitnehmen ....
6. regelmäßig Sport treiben ....
7. mehr Gemüse essen ....
8. dein Geld sparen ....

C11 Formulieren Sie irreale Bedingungssätze: Wenn ich Zeit/Geld hätte, würde ich …

■ Spielst du heute Tennis?   *Wenn ich Zeit hätte, würde ich heute Tennis spielen.*

1. Kommst du heute Abend mit in die Oper?   *Wenn ich* ....

2. Gehst du mit mir in die Kantine essen?   ....

3. Machst du immer deine Hausaufgaben?   ....

4. Besuchst du Martina im Krankenhaus?   ....

5. Beantwortest du heute die E-Mails?   ....

6. Gehst du heute Nachmittag einkaufen?   ....

7. Holst du mich vom Flughafen ab?   ....

8. Kaufst du mir diesen schönen Ring?   ....

C12 Formulieren Sie Wünsche: Ach, wenn …

■ Es ist kalt. *(warm)*   ■ Mein Freund spielt schlecht Tennis. *(besser)*

Ach, wenn es doch warm wäre!   *Ach, wenn mein Freund doch besser Tennis spielen würde!*

1. Der Diamantring ist zu teuer. *(billiger)*   ....

2. Unser Haus ist so klein. *(größer)*   ....

3. Ich verdiene so wenig Geld. *(mehr)*   ....

4. Meine Freundin ist zu dünn. *(dicker)*   ....

5. Der Bus kommt immer unpünktlich. *(pünktlicher)*   ....

6. Ich darf noch kein Bier trinken, ich bin zu jung. *(älter)*   ....

7. Mein Auto fährt so langsam. *(schneller)*   ....

C13 Welches Wort passt? Ordnen Sie zu.

> ausgeben ▪ wenn ▪ Innenstadt ▪ **lieber** ▪ Reise ▪ würde ▪ Lotto ▪ gehen ▪ Traum ▪ können ▪ Essen ▪ fahren

---

Neue Nachricht   _ ▢ ✕

Von: Martina   **An:** Gustav

Betreff:

Lieber Gustav,

wie geht es dir? Weißt du schon das Neueste? Mein Kollege Marcus hat 500 000 Euro im ....(1)
gewonnen. Heute hat er uns alle in ein teures Restaurant zum ....(2) eingeladen.
Marcus will sich von dem Geld ein neues Auto kaufen und außerdem im Sommer nach Australien
.... (3). ....(4) ich so viel Geld im Lotto gewinnen würde, würde ich es
auf keinen Fall für ein Auto ....(5). Ich ....(6) mir eine tolle Wohnung in
der ....(7) kaufen. Eine ....(8) würde ich auch machen. Ich würde nach
China fliegen. Natürlich würde ich mit dir in dein italienisches Lieblingsrestaurant ....(9).
Leider habe ich aber nicht gewonnen. Die Wohnung und die Reise bleiben nur ein ....(10).
Aber in dein italienisches Lieblingsrestaurant ....(11) wir am Samstag gehen, wenn du willst.

Liebe Grüße
Martina

Senden   A 📎 ☺ 🖼   🗑 ☰

Nomen

Unbestimmter Artikel ohne Nomen

maskulin	Ich habe keinen Regenschirm.	Kein Problem. Hier ist einer. Kein Problem. Ich habe einen.	(Nominativ) (Akkusativ)
feminin	Ich habe keine Fotokamera.	Kein Problem. Hier ist eine. Kein Problem. Ich habe eine.	(Nominativ) (Akkusativ)
neutral	Ich habe kein Handy.	Kein Problem. Hier ist eins. Kein Problem. Ich habe eins.	(Nominativ) (Akkusativ)
Plural	Ich habe keine Socken.	Kein Problem. Hier sind welche. Kein Problem. Ich kaufe welche.	(Nominativ) (Akkusativ)

C14 **Antworten Sie.**

1. Ich habe kein Glas.   Kein Problem. Hier ist ....
2. Ich habe Kopfschmerzen und keine Tablette.   Kein Problem. Ich habe ....
3. Ich habe keine Briefmarken.   Kein Problem. Ich habe ....
4. Ich habe keine Sonnenbrille.   Kein Problem. Hier ist ....
5. Ich habe kein Brot.   Kein Problem. Wir kaufen ....
6. Ich habe kein Geld mehr zu Hause.   Ich bringe .... mit.
7. Ich habe keinen Lippenstift.   Kein Problem. Ich habe ....
8. Ich habe keine Turnschuhe.   Dann musst du .... kaufen.
9. Ich habe keinen Laptop.   Ich bringe .... mit.

C15 **Welches Nomen passt nicht? Wie heißt der Oberbegriff?**

Schmuck ▪ Kleidung ▪ Möbel ▪ Bücher ▪ Haushaltswaren

▪ *Möbel*:   der Sessel – der Stuhl – der Tisch – die Couch – das Bett – ~~das Zimmer~~

1. ....: die Uhr – die Kette – der Anzug – der Ring
2. ....: die Jacke – die Sonnencreme – die Hose – das Kleid – der Bikini – der Hut
3. ....: der Reiseführer – der Krimi – der Liebesroman – das Gedicht – das Kochbuch
4. ....: der Topf – die Pfanne – der Teller – der Pfeffer – die Schüssel

C16 **Wie heißen die Nomen?**

▪ Geld ausgeben   *die Ausgabe*

1. Geld spenden   ....
2. Geld einnehmen   ....
3. Geld überweisen   ....
4. ein Konto eröffnen   ....
5. eine Rechnung bezahlen   ....
6. die Geheimzahl eingeben   ....

Rückblick

D1 **Wichtige Redemittel**
Hier finden Sie die wichtigsten Redemittel des Kapitels.

Zweisprachige Redemittellisten finden Sie
hier: **www.schubert-verlag.de/wortschatz**

Wo das Geld bleibt

Einnahmen: das Bruttoeinkommen/das Nettoeinkommen ▪ das Gehalt ▪ Geld verdienen

Ausgaben: Steuern und Beiträge zu Sozialversicherungen ▪ Nahrungs- und Genussmittel ▪ Kleidung und Schuhe ▪ Wohnen und Energie ▪ Verkehr ▪ Möbel und Haushaltsgeräte ▪ Freizeit ▪ Gesundheit ▪ Post und Telekommunikation ▪ Bildungswesen ▪ Übernachtung und Gaststätten

Einkaufen

Allgemein: Die Ware ist gut/frisch/billig. ▪ Die Verkäufer sind nett. ▪ Die Beratung ist gut. ▪ Die Auswahl ist groß. ▪ Tag und Nacht einkaufen ▪ Preise vergleichen ▪ die Ware prüfen ▪ die Ware reklamieren

Im Geschäft: Kann ich Ihnen helfen? ▪ Was kann ich für Sie tun? ▪ Ich möchte bitte … ▪ Ich hätte gern … ▪ Was kostet …? ▪ Ich habe Größe … ▪ Kann ich … mal anprobieren? ▪ Kann ich … umtauschen? ▪ Kann ich mit Kreditkarte bezahlen? ▪ … passt mir nicht. ▪ … gefällt mir nicht.

Konsumverhalten

ein Produkt in Raten bezahlen ▪ einen kleinen Betrag an(be)zahlen ▪ den Rest Monat für Monat ab(be)zahlen ▪ Das Konsumverhalten ändert/verändert sich. ▪ Tendenzen unterscheiden ▪ im Trend liegen ▪ Produkte aus Spaß kaufen, weil man sie besitzen möchte ▪ auf die Qualität/die Herstellung/die Produktionsbedingungen/den Preis achten ▪ Produkte selbst machen/herstellen ▪ Obst und Gemüse anbauen

Auf der Bank

Geld kann man: von einem Konto abheben ▪ auf ein Konto einzahlen ▪ für soziale Zwecke spenden ▪ wechseln ▪ überweisen ▪ ausgeben ▪ sparen

Auf der Bank kann man: ein Konto eröffnen/sperren lassen ▪ einen Kredit beantragen ▪ ein Formular ausfüllen

Am Geldautomaten muss man: die Kontokarte einführen ▪ die Geheimzahl eingeben ▪ die Taste „Bestätigung" drücken ▪ den gewünschten Betrag wählen ▪ die Kontokarte entnehmen

Lotto

Lotto spielen ▪ im Lotto *(viel Geld)* gewinnen ▪ an einer Spielrunde teilnehmen ▪ Lottomillionär sein ▪ ein Leben in Saus und Braus führen ▪ mit dem Geld etwas Gutes tun ▪ den kompletten Gewinn spenden ▪ Geld ausgeben

D2 **Kleines Wörterbuch der Verben**

Unregelmäßige Verben

Infinitiv	3. Person Singular Präsens	3. Person Singular Präteritum	3. Person Singular Perfekt
abheben *(Geld)*	er hebt ab	er hob ab	er hat abgehoben
betragen *(der Gewinn)*	er beträgt	er betrug	er hat betragen
entscheiden *(sich für etwas)*	er entscheidet sich	er entschied sich	er hat sich entschieden
gelten *(als geizig)*	er gilt	er galt	er hat gegolten
nennen	er nennt	er nannte	er hat genannt
tun	er tut	er tat	er hat getan
verbieten	er verbietet	er verbot	er hat verboten
vergleichen *(Preise)*	er vergleicht	er verglich	er hat verglichen

Einige regelmäßige Verben

Infinitiv	3. Person Singular Präsens	3. Person Singular Präteritum	3. Person Singular Perfekt
ändern *(sich/die Zeit)*	er ändert sich	er änderte sich	er hat sich geändert
anprobieren *(die Schuhe)*	er probiert an	er probierte an	er hat anprobiert
ausfüllen *(ein Formular)*	er füllt aus	er füllte aus	er hat ausgefüllt
belegen *(einen Platz)*	er belegt	er belegte	er hat belegt
bestellen *(ein Produkt)*	er bestellt	er bestellte	er hat bestellt
einzahlen *(Geld)*	er zahlt ein	er zahlte ein	er hat eingezahlt
erleben *(etwas)*	er erlebt	er erlebte	er hat erlebt
eröffnen *(ein Konto)*	er eröffnet	er eröffnete	er hat eröffnet
ersteigern *(ein Bild)*	er ersteigert	er ersteigerte	er hat ersteigert
feiern	er feiert	er feierte	er hat gefeiert
folgen *(auf Platz zwei)*	er folgt	er folgte	er ist gefolgt
gehören *(zu den teuren Städten)*	er gehört	er gehörte	er hat gehört
gründen *(eine Firma)*	er gründet	er gründete	er hat gegründet
kosten	es kostet	es kostete	es hat gekostet
nutzen *(das Internet)*	er nutzt	er nutzte	er hat genutzt
passiert *(etwas)*	es passiert	es passierte	es ist passiert
prüfen *(die Ware)*	er prüft	er prüfte	er hat geprüft
schenken verschenken	er schenkt er verschenkt	er schenkte er verschenkte	er hat geschenkt er hat verschenkt
sparen *(Geld)*	er spart	er sparte	er hat gespart
spenden *(Geld)*	er spendet	er spendete	er hat gespendet
zählen *(zu den teuren Städten)*	er zählt	er zählte	er hat gezählt

D3 Evaluation
Überprüfen Sie sich selbst.

Ich kann	gut	nicht so gut
Ich kann über meine Geldausgaben berichten.	☐	☐
Ich kann Geschäfte und Konsumartikel nennen.	☐	☐
Ich kann alltägliche Dinge einkaufen und nach Preis, Größe, Farbe usw. fragen.	☐	☐
Ich kann Gründe und Bedingungen zum Thema Einkaufen angeben.	☐	☐
Ich kann einfache Bankgespräche verstehen und führen.	☐	☐
Ich kann ein einfaches Bankformular ausfüllen.	☐	☐
Ich kann kurze Zeitungsartikel zum Thema Konsum und Lotto verstehen.	☐	☐
Ich kann Wünsche und irreale Bedingungen formulieren.	☐	☐
Ich kann kurze Zeitungsartikel zum Thema Trinkgeld und teure Städte verstehen. *(fakultativ)*	☐	☐

Kapitel 4

Arbeit und Beruf

Kommunikation

- Über Bürotätigkeiten berichten
- Einfache geschäftliche Telefonate führen
- Termine vereinbaren und absagen
- Höfliche Bitten formulieren
- Direkte und indirekte Fragen stellen
- Eine geschäftliche E-Mail schreiben

Wortschatz

- Büroausstattung
- Bürotätigkeiten
- Zeitangaben
- Telefonieren
- Anrede- und Grußformeln in geschäftlichen E-Mails

Begegnungen A2+   siebenundneunzig | 97

Im Büro

A1 **Der Arbeitsplatz**
Welche Gegenstände haben Sie in Ihrem Büro/auf Ihrem Schreibtisch?

a) Lesen und hören Sie zuerst die Redemittel und suchen Sie
   unbekannte Wörter im Wörterbuch.

Technik:

der Bildschirm ▪ der Laptop ▪ die Maus ▪
der Computer ▪ die Tastatur ▪ die Lautsprecher ▪ der Drucker ▪ die Drucker-
patrone ▪ der Kopierer ▪ der Scanner ▪
der USB-Stick ▪ das Kabel ▪ die Kaffeemaschine

Andere Arbeitsgegenstände:

die Bücher *(Pl.)* ▪ die Fachzeitschrift ▪
die Dokumente *(Pl.)* ▪ die Ordner *(Pl.)* ▪
die Stifte *(Pl.)* ▪ die Büroklammern *(Pl.)* ▪
der Locher ▪ der Terminkalender

Sonstiges:

die Fotos *(Pl.)* ▪ die Blumen *(Pl.)*

b) Berichten Sie über Ihren Arbeitsplatz.

A2 **Was man in der Arbeitszeit alles tun kann …**
Bilden Sie kleine Gruppen und sprechen Sie über die folgenden Punkte.

- Was machen Sie in Ihrer Arbeitszeit regelmäßig,
  selten, nie?
- Wenn Sie studieren, noch in der Ausbildung sind
  oder nicht arbeiten: Was machen Sie oft, selten,
  nie? Orientieren Sie sich an den Vorgaben.

Berichten Sie im Plenum über die meist-
genannten Tätigkeiten.

○ Meine Nachbarin/Mein Nachbar trinkt oft Kaffee,
  ungefähr viermal am Tag …

- ▪ Kaffee kochen/trinken
- ▪ über Privates/über dienstliche Probleme
  mit Kollegen reden
- ▪ mit der Chefin/dem Chef sprechen
- ▪ Excel-Tabellen ausfüllen
- ▪ E-Mails öffnen/lesen/beantworten/
  löschen/schreiben/weiterleiten
- ▪ Dokumente/Berichte/Fachartikel lesen
- ▪ mit Kunden und Kollegen/mit Freunden
  und Verwandten telefonieren
- ▪ Projekte oder Arbeitsergebnisse präsentieren
- ▪ Termine vereinbaren
- ▪ Dienstreisen machen/organisieren
- ▪ an Besprechungen teilnehmen
- ▪ Protokolle schreiben
- ▪ Geburtstage/Beförderungen/Abschied
  von Kollegen feiern
- ▪ in der Kantine/am Schreibtisch essen
- ▪ ein Computerproblem haben/lösen
- ▪ im Internet surfen oder Sachen
  kaufen/verkaufen
- ▪ Computerspiele spielen

 A3 **Was ich in meiner Arbeitszeit/Studienzeit/Ausbildungszeit tue**
Berichten Sie über sich selbst.

- Was müssen Sie regelmäßig machen? *(E-Mails schreiben)*
- Was müssen Sie machen, tun es aber nicht gerne? *(lange Dokumente lesen)*
- Was machen Sie freiwillig, weil Sie es mögen? *(mit Kollegen/Kommilitonen reden)*
- Was dürfen Sie nicht tun? *(andere mit privaten Telefongesprächen stören)*

 A4 **Bürokommunikation**
a) Hören Sie die folgenden Telefongespräche und ergänzen Sie die Telefonnotizen.

Computerproblem

Wer? *Herr Müller*

Was ist das Problem?

Herr Müller kann ....

....

Zimmernummer: ....

Besprechung

Wo? ....

Was muss Claudia mitbringen?

....

....

....

Rechnung

Grund des Anrufes?

....

....

Rechnungsnummer?

....

Termin

Wann? ....

Warum kann Frau Schimmel nicht kommen?

....

....

Neuer Termin: Wann? ....

b) Ergänzen Sie die Verben in der richtigen Form.

warten ▪ vergessen ▪ haben (2 ×) ▪ **gehen** ▪ schicken ▪ bezahlen ▪ öffnen ▪ kommen ▪ sitzen ▪ geben ▪ sein ▪ stehen ▪ sehen ▪ sprechen ▪ tun

1. Ich .... ein Problem mit meinem Computer.

   Was *geht* an Ihrem Computer nicht?

   Ich kann verschiedene Word-Dokumente nicht ....

   Gut, ich .... bei Ihnen vorbei.

2. Wir .... hier im Zimmer des Direktors und .... auf dich.

   Oh Gott, die Besprechung! Die habe ich ....

3. .... ich mit der Personalverwaltung von KOMA?

   Ja, was kann ich für Sie ....?

   Wir haben Ihnen die Rechnung ...., die ist aber bis heute noch nicht ....

   Können Sie mir bitte die Rechnungsnummer ....?

4. Wir .... heute um 13.00 Uhr einen Termin.

   Ich kann leider nicht pünktlich ...., ich .... im Stau.

   Gut, dann .... wir uns um 15.00 Uhr.

A5 Sie haben Probleme?
Wo kann man Ihnen helfen? Wer kann Ihnen helfen?

die Verwaltung ▪ die Direktion ▪ das Sekretariat ▪ die IT-Abteilung ▪ der Hausmeister

1. Ihr Computer stürzt regelmäßig ab.

   Wenn mein Computer abstürzt, rufe ich (die/das/den …).. *an.*

   Wenn mein Computer abstürzt, rufe ich jemanden aus (der/dem …) .... *an.*

2. Ihre Schreibtischlampe geht nicht.

   ....

   ....

3. Sie warten noch immer auf das Geld für Ihre letzte Dienstreise.

   ....

   ....

4. Sie möchten mehr Gehalt.

   ....

   ....

5. Ein Kunde möchte eine Preisübersicht für Ihre Produkte. Sie haben keine.

   ....

   ....

A6 Wortschatz: Arbeit
a) Finden Sie das Gegenteil.

langjähriger ▪ beenden ▪ kündigen ▪ Arbeitnehmer ▪ Pause ▪ freie ▪ langweilige

1. Arbeitgeber	⟷	....
2. Arbeitszeit	⟷	....
3. fest angestellte Mitarbeiter	⟷	.... Mitarbeiter
4. mit der Arbeit beginnen	⟷	die Arbeit ....
5. sich bewerben	⟷	....
6. eine interessante Arbeit haben	⟷	eine .... Arbeit haben
7. ein neuer Kunde	⟷	ein .... Kunde

b) Ergänzen Sie die Wörter aus Teil a).

■ Wenn man eine Stelle in einer Firma haben möchte, muss man sich um die Stelle *bewerben*.

1. Meine .... dauert von 8.30 bis 17.00 Uhr. Von 12.30 bis 13.00 Uhr habe ich ....

2. Wir arbeiten schon lange mit Herrn Kräuter zusammen. Er ist ein .... Kunde.

3. In Deutschland gibt es eine Diskussion über die Arbeitszeit. Manche .... wollen am

   liebsten die 40-Stunden-Woche, die .... wollen nur 35 Stunden arbeiten.

4. Ich habe eine .... Arbeit. Sie macht mir keinen Spaß mehr. Ich ....!

5. Weil die finanzielle Situation bei vielen Zeitungen sehr schwierig ist, gibt es nur wenige ....

   Mitarbeiter. Es gibt einige Zeitungen, die haben nur .... Mitarbeiter.

Telefonieren – Termine vereinbaren

A7 Telefonieren

Was sagen Sie in den folgenden Situationen? Ordnen Sie die Redemittel zu.

1. Sie melden sich am Telefon.

   ....

   ....

2. Sie möchten eine bestimmte Person sprechen.

   ....

   ....

3. Sie möchten eine Person treffen.

   ....

   ....

4. Sie nennen einen Zeitpunkt.

   ....

   ....

5. Sie stimmen zu.

   ....

   ....

6. Sie lehnen ab.

   ....

   ....

7. Sie verabschieden sich.

   ....

- Ja, der *(Dienstag)* um *(11.00 Uhr)* passt mir.
- Ich möchte gern einen Termin vereinbaren. Ich möchte mal vorbeikommen.
- Wann haben Sie Zeit? Wann passt es Ihnen?
- Geht es am *(Dienstag, dem fünften März)* um *(11.00 Uhr)*?
- Auf Wiederhören.
- Passt es Ihnen am *(Dienstag, dem fünften März)* um *(11.00 Uhr)*?
- Ich möchte gerne Herrn/Frau … sprechen.
- Nein, das tut mir leid. Am *(Dienstag/fünften März)* habe ich leider keine Zeit.
- Ja, am *(Dienstag)* um *(11.00 Uhr)* geht es/ habe ich Zeit.
- Guten Tag, *(Name)* hier. Guten Tag. Hier ist *(Vorname, Nachname)*.
- Kann ich bitte Herrn/Frau … sprechen?
- Dann besuche ich Sie am … um … Uhr. Dann komme ich am … um … (vorbei).

A8 Telefongespräche

Spielen Sie einfache Telefongespräche und vereinbaren Sie einen Termin.

1. Rufen Sie beim Zahnarzt an. Sie haben Zahnschmerzen.
2. Rufen Sie beim Friseur an. Ihre Haare sehen schrecklich aus!
3. Rufen Sie beim Heizungsmonteur/Hausmeister an. Ihre Heizung geht nicht.
4. Rufen Sie beim Waschmaschinenmonteur an. Ihre Waschmaschine ist kaputt.

Guten Tag. Was kann ich für Sie tun?

Guten Tag, *(Name)* hier.
Ich möchte gern einen Termin vereinbaren.
(Meine Waschmaschine ist kaputt.) …

Passt es Ihnen am … um … Uhr?
Geht es am … um … Uhr?

Am … um …?
Das geht leider nicht. Da muss ich arbeiten/habe ich keine Zeit …
Geht es vielleicht auch am … um …?

Moment mal. Ja, das ist auch möglich.

Gut. Dann komme ich …/erwarte ich den Monteur am … um …
Auf Wiederhören.

Auf Wiederhören.

Zeitangaben ⇨ Teil C Seite 119

Wann treffen wir uns?

Uhrzeit	(um)	8.00 Uhr	(acht Uhr)	
		8.15 Uhr	(*formell*: acht Uhr fünfzehn	*informell*: Viertel nach acht)
		8.30 Uhr	(*formell*: acht Uhr dreißig	*informell*: halb neun)
		8.45 Uhr	(*formell*: acht Uhr fünfundvierzig	*informell*: Viertel vor neun)

Tag	am	Montag – Dienstag – Mittwoch – Donnerstag – Freitag – Samstag – Sonntag
		Wochenende
	am	Morgen – Vormittag – Mittag – Nachmittag – Abend

Monat	im	Januar – Februar – März – April – Mai – Juni
		Juli – August – September – Oktober – November – Dezember

Jahreszeit	im	Frühling – Sommer – Herbst – Winter
Jahr	–	2021
Datum	am	14.5.2019 (vierzehnten Fünften/Mai zweitausendneunzehn) → Dativ
		Achtung:
		Heute ist der vierzehnte Fünfte/Mai zweitausendneunzehn. → Nominativ

Ordinalzahlen *(Wiederholung)*

1. = der erste !	11. = der elfte	21. = der einundzwanzigste
2. = der zweite	12. = der zwölfte	22. = der zweiundzwanzigste
3. = der dritte !	13. = der dreizehnte	23. = der dreiundzwanzigste
4. = der vierte	14. = der vierzehnte	24. = der vierundzwanzigste
5. = der fünfte	15. = der fünfzehnte	25. = der fünfundzwanzigste
6. = der sechste	16. = der sechzehnte	26. = der sechsundzwanzigste
7. = der siebte !	17. = der siebzehnte	27. = der siebenundzwanzigste
8. = der achte	18. = der achtzehnte	28. = der achtundzwanzigste
9. = der neunte	19. = der neunzehnte	29. = der neunundzwanzigste
10. = der zehnte	20. = der zwanzigste	30. = der dreißigste
		31. = der einunddreißigste

A9 **Termine**

Sprechen und schreiben Sie die folgenden Termine.

- Wann ist die Besprechung? *(Di., 14.7., 11.15 Uhr)*

  Die Besprechung ist am Dienstag, dem vierzehnten Siebten (Juli) um elf Uhr fünfzehn.

1. Wann ist der Termin mit der Firma Siemens? *(Mo., 5.9., 14.00 Uhr)*

   ....

2. Wann kommt der Computerexperte? *(Do., 28.4., 16.45 Uhr)*

   ....

3. Wann gehst du endlich zum Zahnarzt? *(Mo., 13.30 Uhr)*

   ....

4. Wann ist Wolfgang Amadeus Mozart geboren? *(27.1.1756)*

   ....

5. Wann fliegen wir nach Peking? *(Fr., 21.6., 4.30 Uhr)*

   ....

6. Wann ist Johann Wolfgang von Goethe geboren? *(28.8.1749)*

   ....

A10 **Frau Ertl vereinbart einen Termin**

a) Hören Sie zuerst das Telefongespräch. Welche Aussage ist richtig: *a, b* oder *c*? Kreuzen Sie an.

1. a) ☐ Frau Ertl will Herrn Schröder ein neues Produkt vorstellen.

    b) ☐ Herr Schröder will ein neues Produkt präsentieren.

    c) ☐ Herr Schröder und Frau Ertl wollen gemeinsam über ein neues Produkt sprechen.

2. a) ☐ Frau Ertl hat nur am Donnerstag Zeit.

    b) ☐ Sie vereinbaren einen Termin für Donnerstag, den 30. November.

    c) ☐ Sie verabreden sich nächste Woche Donnerstag um 11.00 Uhr.

3. a) ☐ Frau Ertl kann gleich in das Zimmer von Herrn Schröder gehen.

    b) ☐ Frau Ertl will sich an der Rezeption melden.

    c) ☐ Frau Ertl soll sich an der Rezeption melden.

b) Lesen Sie jetzt den Dialog mit verteilten Rollen.

Rezeptionist:	AQUA, guten Tag. Was kann ich für Sie tun?
Frau Ertl:	Ja, guten Tag, Martina Ertl hier. Könnte ich bitte Herrn Schröder sprechen?
Rezeptionist:	Wir haben drei Mitarbeiter mit dem Namen Schröder.
Frau Ertl:	Herrn Schröder von der Abteilung Einkauf.
Rezeptionist:	Ah, Heinrich Schröder. Ich verbinde Sie. Wie war Ihr Name?
Frau Ertl:	Ertl. Ich buchstabiere: E-r-t-l.
Rezeptionist:	Einen Moment bitte.

Herr Schröder:	Schröder.
Frau Ertl:	Ja, guten Tag, Herr Schröder. Martina Ertl hier, von der Firma Cleanfix. Ich möchte gerne mit Ihnen einen Termin vereinbaren.
Herr Schröder:	Worum geht es, Frau Ertl?
Frau Ertl:	Es geht um unseren neuen Reiniger für Schwimmbäder. Ich würde Ihnen gerne unser neues Produkt präsentieren.
Herr Schröder:	Ja, das interessiert mich. Wir sind mit Ihren Produkten immer sehr zufrieden. Hätten Sie nächste Woche Zeit? Am Dienstag zum Beispiel.
Frau Ertl:	Oh, das tut mir leid. Ich habe am Dienstag schon andere Termine. Ich hätte aber am Montag, am Mittwoch oder am Donnerstag Zeit.
Herr Schröder:	Passt es Ihnen am Donnerstag um 11.00 Uhr?
Frau Ertl:	Ja, Donnerstag, 11.00 Uhr, passt mir sehr gut.
Herr Schröder:	Dann erwarte ich Sie am Donnerstag, dem dritten November um 11.00 Uhr. Bitte melden Sie sich an der Rezeption. Ich hole Sie dann von dort ab.
Frau Ertl:	Herzlichen Dank, Herr Schröder. Bis Donnerstag.

 A11 **Höfliche Bitte**
Lesen Sie die folgenden Sätze aus dem Dialog.

- **Könnte** ich bitte Herrn Schröder **sprechen**?
- Ich **würde** Ihnen gerne unser neues Produkt **präsentieren**.
- **Hätten** Sie nächste Woche Zeit?

Der Konjunktiv II: die höfliche Bitte ⇨ Teil C Seite 121

Sie haben im Deutschen verschiedene Möglichkeiten, eine Bitte zu formulieren.

Indikativ	Konjunktiv II
Imperativ	
Hilf mir mal!	**Würdest/Könntest** du mir mal **helfen**?
Beantworten Sie die E-Mail bitte gleich!	**Würden/Könnten** Sie die E-Mail gleich **beantworten**?
Frage:	
Kannst du mir helfen?	**Würdest/Könntest** du mir **helfen**?
Bringen Sie mir bitte einen Kaffee?	**Würden/Könnten** Sie mir einen Kaffee **bringen**?
Können Sie mich zum Flughafen fahren?	**Würden/Könnten** Sie mich zum Flughafen **fahren**?
Haben Sie nächste Woche Zeit?	**Hätten** Sie nächste Woche Zeit?
Kann ich Frau Schulze sprechen?	**Könnte** ich Frau Schulze **sprechen**?
Aussagesatz:	
Ich **nehme** ein Kilo Tomaten.	Ich **hätte gern** ein Kilo Tomaten.
Ich **will** unsere Produkte präsentieren.	Ich **würde gern** unsere Produkte **präsentieren**.

Wenn Sie den Konjunktiv verwenden, klingt die Bitte sehr höflich.
Diese Form ist vor allem im Geschäftsleben üblich.

A12 **Sagen Sie es höflicher.**
Formulieren Sie Sätze mit dem Konjunktiv II.

- Hilfst du mir mal?

  Würdest du mir mal helfen?
  Könntest du mir mal helfen?

1. Kann ich mal Ihren Computer benutzen? ....
2. Haben Sie am Donnerstag Zeit? ....
3. Kann ich bitte Frau Müller sprechen? ....
4. Ich will einen Termin vereinbaren. ....
5. Können Sie mir bei diesem Problem helfen? ....
6. Können Sie mich mit Herrn Kummer verbinden? ....
7. Haben Sie eine Kopfschmerztablette dabei? ....
8. Ich nehme ein Glas Mineralwasser. ....
9. Zeigen Sie mir bitte das Dokument. ....
10. Bringst du mir bitte ein Lachsbrötchen mit? ....
11. Kopieren Sie das bitte für alle Mitarbeiter. ....
12. Versenden Sie bitte heute noch die Einladungen. ....
13. Können Sie die Tür öffnen? ....
14. Kannst du mir mal dein Auto leihen? ....

A13 Was sagen Sie?

Sie sitzen in einer Besprechung. Formulieren Sie Ihre Wünsche.

■ Es ist heiß und das Fenster im Raum ist zu. Frau Krüger sitzt direkt neben dem Fenster.
Frau Krüger, würden/könnten Sie bitte das Fenster öffnen?

1. Sie brauchen eine Kopie eines Dokuments.
   Die Praktikantin Maxi sitzt neben Ihnen.
   ....

2. Ihr Kollege Manfred spricht so leise.
   ....

3. Sie haben keinen Kugelschreiber. Frau Müller hat zwei.
   ....

4. Frau Glück soll das Protokoll schreiben.
   ....

5. Martin spricht. Sie haben ein Wort nicht verstanden.
   ....

6. Sie sind müde und möchten einen Kaffee trinken.
   Die Kanne mit dem Kaffee steht direkt neben Frau Kümmel.
   ....

7. Die Besprechung dauert schon 90 Minuten.
   Sie brauchen eine Pause.
   ....

8. Sie möchten nach der Sitzung mit Ihrer Chefin/Ihrem Chef
   persönlich sprechen.
   ....

A14 Kurze Dialoge

Formulieren Sie höfliche Fragen oder Bitten und reagieren Sie darauf.

■ A: Könnte ich mal dein Telefon benutzen? Ich muss mal schnell Claudia anrufen und ich habe mein Handy
   zu Hause vergessen.

   ☐ B: Ja, natürlich. Hier./Tut mir leid, mein Telefon geht/funktioniert gerade nicht. Die Batterie ist leer./
      Tut mir leid, ich habe kein Handy/Telefon.

■ A: Vielen Dank./Kein Problem.

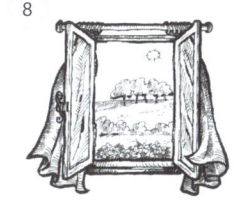

A15 Telefonwortschatz
Erweitern Sie Ihren Wortschatz.
Ordnen Sie zu den vorhandenen Redemitteln die neuen Redemittel zu.

- Kann ich Ihnen helfen?
- Einen Moment bitte.
- Ich verbinde Sie.
- Wie war Ihr Name? (Der Anrufer hat seinen Namen schon genannt.)
- Worum geht es?
- Wie ist Ihr Name? (Der Anrufer hat seinen Namen noch nicht genannt.)
- Würde es Ihnen am … passen?
- Könnten Sie Ihren Namen buchstabieren?
- Es geht um einen Termin.
- Hätten Sie nächste Woche Zeit?
- Ich hätte am … Zeit.
- Es geht um unsere neuen Produkte.
- Ja, am … würde es mir passen.
- Könnte ich bitte *(Herrn Schröder)* sprechen?
- Was kann ich für Sie tun?
- Ich würde gerne mit Ihnen einen Termin vereinbaren.
- Ich würde Ihnen gerne unser neues Produkt präsentieren.
- Am … passt es mir nicht.

1. Sie melden sich am Telefon und bieten Ihre Hilfe an.

   Guten Tag, (Name) hier.
   Guten Tag. Hier ist (Name).

   ....

2. Sie möchten eine bestimmte Person sprechen.

   Kann ich bitte Herrn/Frau … sprechen?
   Ich möchte gerne Herrn/Frau … sprechen.

   ....

3. Sie verbinden den Anrufer.

   ....

   ....

4. Sie fragen nach dem Namen.

   ....

   ....

5. Sie fragen nach dem Grund des Anrufes.

   ....

   ....

6. Sie nennen den Grund.

   Ich möchte gern einen Termin vereinbaren./
   Ich möchte mal vorbeikommen.

   ....

   ....

7. Sie nennen einen Zeitpunkt.

   Geht es am (Dienstag, dem fünften März) um (11.00 Uhr)?
   Passt es Ihnen am (Dienstag, dem fünften März) um (11.00 Uhr)?

   ....

   ....

8. Sie haben keine Zeit.

   Nein, das tut mir leid.
   Am … habe ich leider keine Zeit.

   ....

   ....

9. Sie stimmen dem Vorschlag zu.

   Ja, der … um … passt mir.
   Ja, am … um … geht es/habe ich Zeit.

   ....

   ....

Verben mit Präpositionen ⇨ Teil C Seite 123

Das Verb regiert im Satz.

Ich   nehme   an einer Besprechung   teil.   Ich   telefoniere   mit dem Chef.

teilnehmen   telefonieren

NOMINATIV   *an* + DATIV   NOMINATIV   *mit* + DATIV

an + Dativ	*mit* + Dativ	*über* + Akkusativ	*um* + Akkusativ
teilnehmen	sprechen	sprechen	es geht
	reden	reden	sich bewerben
	telefonieren	sich freuen	
	sich streiten	sich beschweren	
		sich streiten	

A16   Verben mit Präpositionen

Ergänzen Sie die richtigen Präpositionen und die Endungen der Artikel.

■   Wir müssen *mit* d*em* Kunden sprechen.

1. Hast du .... d......... Sekretärin telefoniert?

2. Karl-Heinz kann nicht .... d......... Sitzung teilnehmen.

3. Geht es schon wieder .... ein......... Gehaltserhöhung?

4. Hat sich Frau Klein .... d......... Hausmeister gestritten?

5. Habt ihr .... d......... Preise gesprochen?

6. Nein, wir reden nicht .... d......... Geld.

7. Es geht .... d......... Termin.

8. Freust du dich .... dein......... Erfolg?

9. Der Kunde beschwerte sich .... d......... Service.

10. Bewirbst du dich .... d......... Stelle?

A17   Gründe für einen Anruf

Worum geht es? Nennen Sie den Grund. Ergänzen Sie die fehlende Variante.

Ausführlich	Kurz
Ich möchte Ihnen unsere neuen Reiniger präsentieren.	**Es geht um** unsere neuen Reiniger.
	⟶ es geht um + Akkusativ
1. Ich möchte mit Ihnen über die Preise für das neue Jahr sprechen.	Es geht ....
2.	Es geht um einen Termin.
3. Ich würde Ihnen gern die neuen Farben zeigen.	....
4.	Es geht um ein neues Produkt.
5. Ich würde gern mit Ihnen über mein Gehalt sprechen.	....
6.	Es geht um das Projekt 301.

A18 Die deutsche Buchstabiertafel

Hören Sie und sprechen Sie nach.

A	wie	Anton	J	wie	Julius	S	wie	Samuel
Ä	wie	Ärger	K	wie	Kaufmann	T	wie	Theodor
B	wie	Berta	L	wie	Ludwig	U	wie	Ulrich
C	wie	Cäsar	M	wie	Martha	Ü	wie	Übermut
D	wie	Dora	N	wie	Nordpol	V	wie	Viktor
E	wie	Emil	O	wie	Otto	W	wie	Wilhelm
F	wie	Friedrich	Ö	wie	Ökonom	X	wie	Xanthippe
G	wie	Gustav	P	wie	Paula	Y	wie	Ypsilon
H	wie	Heinrich	Q	wie	Quelle	Z	wie	Zacharias
I	wie	Ida	R	wie	Richard			

Besondere Laute:

Ch	wie	Charlotte	Sch	wie	Schule	ß	wie	Eszett

A19 M wie Martha

Buchstabieren Sie die Namen/Ortsnamen.

- Müller   Variante 1: *M* wie Martha, *Ü* wie Übermut, *L* wie Ludwig, *L* wie Ludwig, *E* wie Emil, *R* wie Richard

    Variante 2: *M*artha, *Ü*bermut, *L*udwig, *L*udwig, *E*mil, *R*ichard

1. Ihren Namen
2. Ihren Wohnort
3. Hausmann
4. Steinbeißer
5. Goethe
6. Schiller
7. Tätzschwitz
8. Dünnbier

A20 Telefongespräche

Spielen oder schreiben Sie Telefongespräche.
Achten Sie bei Gesprächsbeginn auf die folgenden Punkte:

A meldet sich am Telefon und bietet seine Hilfe an.

B meldet sich und möchte eine bestimmte Person sprechen.

A will den Anrufer verbinden, versteht den Namen nicht, fragt nach dem Namen.

B buchstabiert den Namen.

C meldet sich und fragt nach dem Grund des Anrufes.

B nennt den Grund.

usw.

1. Sie rufen bei der Firma ASA an und möchten mit Herrn Schulze über ein neues Computerprogramm sprechen. Sie wollen es ihm vorstellen. Es ist für die Firma sehr gut geeignet.

2. Sie möchten mit dem Chef sprechen. Sie haben zu viel Arbeit. Ein Kollege soll Ihnen bei der Arbeit helfen.

3. Sie haben einen Termin mit Frau Köhler bei der Firma Coburg. Sie können nicht kommen. Sie möchten gerne einen neuen Termin vereinbaren.

A21 Ein Gespräch mit der Firma ASA
Hören und lesen Sie zum Vergleich ein Telefonat zu Aufgabe A20 (1).

Rezeptionistin: ASA, guten Tag, was kann ich für Sie tun?

Herr Sander: Ja, guten Tag, hier ist Otto Sander. Ich möchte gern Herrn Schulze sprechen.

Rezeptionistin: Einen Moment, ich verbinde Sie. Eh, wie war Ihr Name?

Herr Sander: Sander, Otto Sander. Ich buchstabiere: Samuel, Anton, Nordpol, Dora, Emil, Richard.

Herr Schulze: Schulze.

Herr Sander: Ja, guten Tag, Herr Schulze, hier ist Otto Sander, von der Firma Compufix. Ich möchte mit Ihnen einen Termin vereinbaren.

Herr Schulze: Worum geht es, Herr Sander?

Herr Sander: Ich würde Ihnen gerne unser neues Computerprogramm vorstellen. Ich glaube, es ist sehr gut geeignet für Ihre Firma.

Herr Schulze: Wir sind mit Ihren Programmen immer sehr zufrieden. Das Computerprogramm würde mich interessieren. Passt es Ihnen nächste Woche, am Freitag?

Herr Sander: Ja, nächste Woche Freitag passt mir gut. Geht es vormittags?

Herr Schulze: Vormittags …? Von 10.00 bis 11.00 Uhr habe ich Zeit.

Herr Sander: Gut, Herr Schulze, dann komme ich nächste Woche Freitag um 10.00 Uhr zu Ihnen.

Herr Schulze: Ja, melden Sie sich bitte an der Rezeption, ich hole Sie dort ab. Auf Wiederhören.

Herr Sander: Auf Wiederhören, bis Freitag.

Zeitangaben: Zeitdauer und Zeitpunkt ⇨ Teil C Seite 119

Zeitpunkt:

Wann hat Ihr Studium begonnen?
Vor drei Jahren. — vor (Dat.)

Was haben Sie vor dem Studium gemacht?
Vor dem Studium habe ich ein Jahr gearbeitet. — vor (Dat.)

Wann kommt Herr Krause?
Herr Krause kommt zwischen 9.00 und 10.00 Uhr. — zwischen (Dat.)

Wann ist Ihr Studium zu Ende?
In drei Jahren. — in (Dat.)

Was haben Sie nach dem Studium gemacht?
Nach dem Studium habe ich eine Weltreise gemacht. — nach (Dat.)

Zeitdauer:

Wie lange haben Sie Zeit?
Ich habe von 10.00 bis 12.00 Uhr Zeit. — von (Dat.) + bis (Akk.)
Ich habe bis 12.00 Uhr Zeit. — bis (Akk.) — jetzt

Von wann bis wann geht das Semester?
Das Semester geht von Februar bis Mai. — von (Dat.) + bis zu (Dat.) / von (Dat.) + bis (Akk.)

Wie lange/Seit wann arbeiten Sie schon …?
Ich arbeite seit drei Jahren beim Verkehrsministerium. — seit (Dat.) — heute

A22 **Über sich selbst sprechen**
Antworten Sie.

Wenn Sie arbeiten:

- Wo arbeiten Sie?
- Seit wann arbeiten Sie dort?
- Wann war Ihr Vorstellungsgespräch?
- Wie lange arbeiten Sie jeden Tag?
- Wann haben Sie Urlaub?

Wenn Sie studieren/einen Beruf erlernen:

- Wo studieren Sie/machen Sie Ihre Ausbildung?
- Seit wann studieren Sie/machen Sie die Ausbildung?
- Wie lange müssen Sie noch studieren/lernen?
- Was haben Sie vor Ihrem Studium/Ihrer Ausbildung gemacht?
- Was wollen Sie nach dem Studium/der Ausbildung machen?

A23 **Mein Bericht**
Ergänzen Sie in dem Bericht die richtigen Präpositionen.

Ich arbeite .... drei Jahren bei der Firma KLAR. Meine Arbeitszeit ist täglich .... 8.30 Uhr .... 17.00 Uhr. Mittagspause habe ich .... 12.30 Uhr .... 13.00 Uhr.

.... meiner Arbeitszeit gehe ich einkaufen und dann nach Hause. Manchmal gehe ich auch gleich nach Hause.

.... vier Wochen habe ich Urlaub. Darauf freue ich mich sehr. Doch .... meinem Urlaub muss ich noch viel tun. Ich muss alle E-Mails beantworten und die Rechnungen schreiben.

A24 **Phonetik: Konsonanten – f [f], v [f] [v], ph [f], w [v]**
Hören und wiederholen Sie.

  1.33

fragen **[f]** – **v**or **[f]** – Ph**y**sik **[f]**

Freundin – **v**ier – achtund**v**ierzig – **v**iele – Ko**ff**er – **v**ergessen – **v**ereinbaren – **f**ragen – Dati**v** – **v**or – **Ph**iloso**ph**ie – **Ph**ysik

wann **[v]** – **V**erb **[v]**

wann – **W**eg – Inter**v**iew – **V**era – **V**erb – ser**v**ieren – **V**itamine – **W**asser

Übung:

Ich komme **v**ierzehn Minuten **v**or **v**ier.
Meine **F**reundin hat **v**iele **F**ragen.
Vier **F**reunde **f**ahren nach **F**rank**f**urt.
Viele **W**ege **f**ühren nach Rom.
Vergessen Sie den Dati**v** nie.
Der **Ph**ysiker isst täglich **v**iele **V**itamine.

Kommunikation im Büro

A25 **Indirekte Fragen: W-Frage**
a) Lesen Sie die folgenden Beispielsätze.

Wo ist Frau Krause?

■ Könnten Sie mir sagen, wo Frau Krause ist?
Wissen Sie vielleicht, wo Frau Krause ist?

☐ Keine Ahnung. Ich weiß nicht, wo Frau Krause ist.
☐ Frau Krause ist in der Kantine.

W-Frage		⇨ Teil C Seite 126	
Wo ist Frau Krause?		Könnten Sie mir sagen, wo Frau Krause ist?	
		Ich weiß nicht, wo Frau Krause ist.	
Fragewort	konjugiertes Verb	Fragewort	konjugiertes Verb

b) Formulieren Sie indirekte Fragen und antworten Sie negativ, dann positiv.

1. Wann kommt Herr Schramm zurück?

   Könnten Sie mir bitte sagen, wann Herr Schramm zurückkommt?

   Ich weiß nicht, ...

   (um 15.00 Uhr)   *Herr Schramm ....*

2. Was ist das Passwort für das Intranet? .... ?

   ....

   („Karl-Heinz") ....

3. Wo ist die Toilette? .... ?

   ....

   (in der dritten Etage) ....

4. Wo finde ich ein Dienstreiseformular? .... ?

   ....

   (im Schreibtisch der Sekretärin) ....

5. Wann ist die Besprechung? .... ?

   ....

   (von 13.00 bis 16.00 Uhr) ....

6. Wer nimmt an der Besprechung teil? .... ?

   ....

   (der Chef, Frau Kümmel, Herr Krumm) ....

7. Wer hat das Protokoll geschrieben? .... ?

   ....

   (der Chef selbst) ....

8. Wo kann man hier einen Kaffee trinken? .... ?

   ....

   (in der Cafeteria) ....

A26 Indirekte Fragen: Ja-Nein-Frage

a) Lesen Sie die folgenden Beispielsätze.

Kommt die Chefin heute noch?

■ Könnten Sie mir sagen, ob die Chefin heute noch kommt?
Wissen Sie vielleicht, ob die Chefin heute noch kommt?

☐ Keine Ahnung. Ich weiß nicht,
ob die Chefin heute noch kommt.

☐ Ja, sie kommt heute um 14.00 Uhr.
Nein, sie kommt heute nicht mehr.

Ja-Nein-Frage		⇨ Teil C Seite 126
Kommt die Chefin heute noch?	Könnten Sie mir sagen, Ich weiß nicht,	ob die Chefin heute noch kommt? ob die Chefin heute noch kommt.
konjugiertes Verb	Subjunktion	konjugiertes Verb

b) Formulieren Sie indirekte Fragen und antworten Sie negativ und positiv.

1. Gibt es hier ein Faxgerät?

   Wissen Sie vielleicht, ob es hier ein Faxgerät gibt?

   Ich weiß nicht, ...

   (im Zimmer von Frau Groß)   *Ja, das Faxgerät* ....

2. Ist Frau Nix schon nach Hause gegangen?

   ....?

   ....

   (um 15.30 Uhr)   Ja, ...

3. Hat die Kantine noch geöffnet?

   ....?

   ....

   (geschlossen)   ....

4. Hat er die Unterlagen schon kopiert?

   ....?

   ....

   Ja, ...

5. Hat die Besprechung schon angefangen?

   ....?

   ....

   (nein) ....

6. Hat Peter das Computerproblem schon gelöst?

   ....?

   ....

   Ja, ...

7. Hat die Firma Saturn die Rechnung schon bezahlt?

   ....?

   ....

   (nein) ....

A27 **Aussagen**
Antworten Sie mit einem *dass*-Satz.

Nebensätze mit *dass*	⇨ Teil C Seite 127

indirekte Frage	keine Frage

■ Könnten Sie mir sagen,
   ob die Chefin heute noch **kommt**?
   Ich weiß nicht, **ob** sie **kommt**.
	☐ Ich weiß,　　　　 dass　 sie　 kommt.
	☐ Ich glaube nicht,　 dass　 sie　 kommt.
	☐ Es ist höchste Zeit, dass　 sie　 kommt.

	Subjunktion　 konjugiertes Verb

■ Wissen Sie zufällig, ob Herr Müller schon angerufen hat?

Ich weiß, dass er angerufen hat./Ich glaube (nicht), dass er angerufen hat.

1. Könnten Sie mir sagen, ob Frau Mustermann heute noch mal ins Büro kommt?

   ....

2. Wissen Sie vielleicht, ob es hier in der Nähe ein Restaurant gibt?

   ....

3. Könnten Sie mir sagen, ob es auf dieser Etage ein Faxgerät gibt?

   ....

4. Wissen Sie vielleicht, ob die Besprechung morgen stattfindet?

   ....

5. Wissen Sie vielleicht, ob das Bild echt ist?

   ....

6. Könnten Sie mir sagen, ob es noch freie Stellen gibt?

   ....

A28 **Bürowortschatz**
a) Welche Nomen haben ähnliche Bedeutung? Ordnen Sie zu.

(1) die Dokumente
(2) die Kollegen
(3) die Verwaltung
(4) das Schreiben
(5) die Dienstreise
(6) der Anruf
(7) die Besprechung
(8) das Angebot

(a) die Administration
(b) das Telefongespräch
(c) die Geschäftsreise
(d) die Mitarbeiter
(e) die Unterlagen
(f) der Brief/die E-Mail
(g) die Offerte
(h) die Sitzung

b) Bilden Sie indirekte Fragen mit *wo/wann/ob* mit den Wörtern aus a).

■ Wissen Sie vielleicht, wo die Dokumente liegen?

1. ....
2. ....
3. ....
4. ....

A29 **Geschäftsbriefe**

a) Lesen Sie den folgenden Brief.

Modehaus **TREND** · Sonnenweg 28 · 83703 Moosrain

Kleider Import GmbH
Frau Karin Wichmann
Waagestraße 45
50829 Köln

Moosrain, den 19.08.20…

Ihr Angebot vom 15. August 20…

Sehr geehrte Frau Wichmann,

vielen Dank für Ihr Schreiben vom 15. August. Wir haben Ihr Angebot
geprüft und möchten hiermit folgende Bestellung aufgeben:

T-Shirts: 30 Stück	Größe: S	Farbe: weiß	Bestellnummer: 20983 Preis: 10,00 € pro Stück
T-Shirts: 30 Stück	Größe: M	Farbe: weiß	Bestellnummer: 20984 Preis: 10,00 € pro Stück
T-Shirts: 30 Stück	Größe: L	Farbe: schwarz	Bestellnummer: 20985 Preis: 10,00 € pro Stück
T-Shirts: 30 Stück	Größe: XL	Farbe: schwarz	Bestellnummer: 20986 Preis: 10,00 € pro Stück

Wir bitten um eine Bestätigung des Auftrags und erwarten die Lieferung bis
zum 30. dieses Monats.

Mit freundlichen Grüßen

Redemittel in Geschäftsbriefen

Man kann

ein Angebot:	machen – schreiben – prüfen – annehmen – ablehnen
einen Auftrag:	schreiben – senden – erhalten – bestätigen
eine Bestellung:	schreiben – aufgeben
Produkte:	anbieten – bestellen – liefern

b) Wie heißen die Nomen?

■ prüfen *die Prüfung*

1. bestellen ....

2. liefern ....

3. anbieten ....

4. bezahlen ....

5. annehmen ....

6. bestätigen ....

7. ablehnen ....

 A30   **Ihre Bestellung**

a) Bringen Sie die Sätze in die richtige Reihenfolge. Schreiben Sie dann eine Bestellung.

Sie schreiben:

- [ ] Wir haben Ihr Angebot geprüft.
- [ ] Die Lieferung erwarten wir bis zum …
- [ ] Wir möchten hiermit folgende Bestellung aufgeben …
- [ ] Vielen Dank für Ihre E-Mail/Ihr Schreiben vom …
- [ ] Wir bitten um eine Bestätigung des Auftrags.
- [6] Mit freundlichen Grüßen

Sie brauchen für Ihr Geschäft:

- 20 Sonnenbrillen (5 Euro)
- 30 Regenschirme (6 Euro)
- 10 kurze Hosen (15 Euro), Größe M, Farbe blau
- 10 kurze Hosen (15 Euro), Größe L, Farbe blau

b) Eine Bestellung kann auch mit einem Formular erfolgen. Füllen Sie das Formular aus.

BESTELLFORMULAR

Rechnungsanschrift   Lieferanschrift (falls abweichend)

....

Vorname, Nachname

....

Straße, Hausnummer

....

PLZ, Ort

Zahlungsart: ☐ Vorkasse   ☐ Nachnahme   ☐ Rechnung

Position	Artikel	Größe	Menge	Einzelpreis	Gesamtpreis

....

Ort, Datum   Unterschrift, Stempel

Einen Brief/Eine E-Mail schreiben

	Anrede		Gruß
formell:	Sehr geehrte Frau *(Sommer)*, … Sehr geehrter Herr *(Winter)*, … Sehr geehrte Damen und Herren, …	formell:	Mit freundlichen Grüßen
halbformell:	Liebe Frau *(Sommer)*, … Lieber Herr *(Winter)*, …	halbformell:	Mit besten Grüßen
informell:	Liebe *(Claudia)*, … Lieber *(Rudi)*, …	informell:	Mit herzlichen Grüßen Herzliche Grüße Mit lieben Grüßen/Liebe Grüße

Wissenswertes *(fakultativ)*

B1 **Arbeitsleben**

a) Was finden Sie im Arbeitsleben wichtig?

○ Auf Platz eins liegt bei mir …

○ … ist für mich/finde ich am wichtigsten/ wichtig/unwichtig

○ … spielt/spielen für mich eine/keine große Rolle

○ Ich persönlich lege *(nicht so)* viel Wert auf …

b) Beschreiben Sie die Statistik über die Meinung von Studierenden. Was überrascht Sie? Was finden Sie normal?

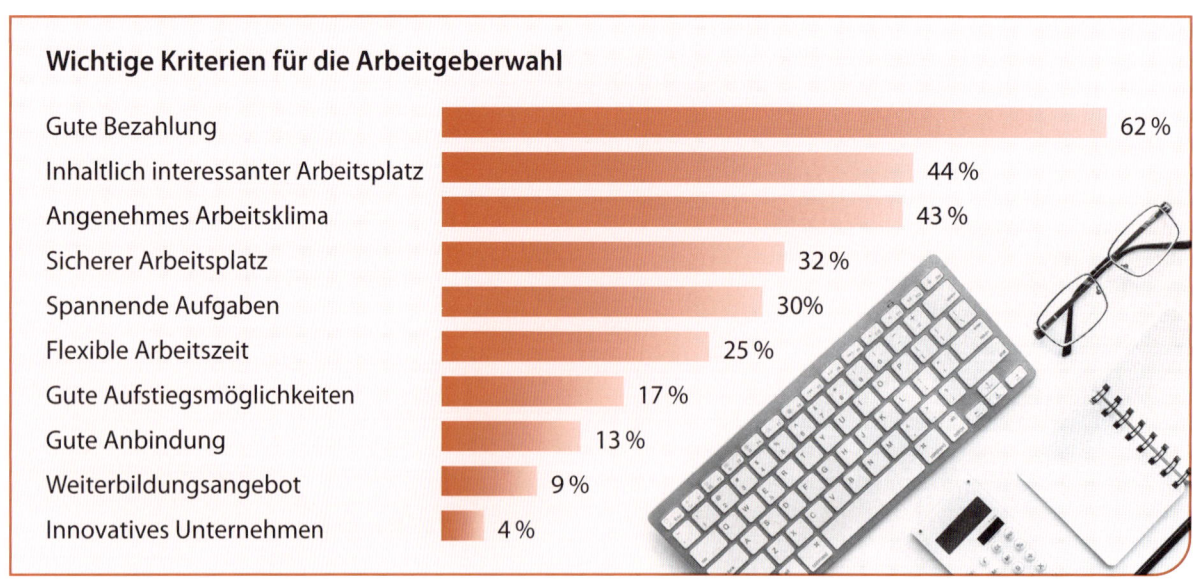

Wichtige Kriterien für die Arbeitgeberwahl

Gute Bezahlung	62 %
Inhaltlich interessanter Arbeitsplatz	44 %
Angenehmes Arbeitsklima	43 %
Sicherer Arbeitsplatz	32 %
Spannende Aufgaben	30%
Flexible Arbeitszeit	25 %
Gute Aufstiegsmöglichkeiten	17 %
Gute Anbindung	13 %
Weiterbildungsangebot	9 %
Innovatives Unternehmen	4 %

Quelle: www.absolventa.de

○ *(62)* Prozent der Studierenden finden … wichtig /nicht so wichtig. Das überrascht mich *(nicht)*, denn …

B2 **Ideale Vorgesetzte – ideale Kollegen**
Welche Eigenschaften wünschen Sie sich bei einer Chefin/einem Chef/einer Kollegin/einem Kollegen?
Welche Eigenschaften dürfen sie nicht haben?

> hilfsbereit ▪ vorsichtig ▪ tolerant ▪ faul ▪ ordnungsliebend ▪ konsequent ▪ spontan ▪ chaotisch ▪ nervös ▪
> risikofreudig ▪ kontaktfreudig ▪ freundlich ▪ analytisch ▪ ruhig ▪ gesprächig ▪ …

 Chefin/Chef

Eine Chefin/Ein Chef soll meiner Meinung nach: | Sie/Er darf meiner Meinung nach nicht:

....

....

....

....

.... sein. | .... sein.

Kollegin/Kollege

Eine Kollegin/Ein Kollege soll meiner Meinung nach: | Sie/Er darf meiner Meinung nach nicht:

....

....

....

....

.... sein. | .... sein.

B3 *Du* oder *Sie*?
Vergleichen Sie die Anrede im Deutschen mit Ihrer Muttersprache.

Im Deutschen ist die Anrede sehr wichtig. Hier finden Sie eine allgemeine Übersicht. Aber es gibt immer und überall auch Ausnahmen.

Anrede

Gesprächspartner	Anrede	du/Sie
fremde Menschen	Frau …/Herr …	Sie
Lehrer/Professoren	Frau …/Herr …	
	Achtung: Akademische Titel nennt man mit:	
	Herr Dr. Müller/Frau Dr. Müller	
	Herr Prof. Müller/Frau Prof. Müller	Sie
die Chefin/der Chef	Frau …/Herr …	Sie
Kollegen	Frau …/Herr …	Sie
	oder Vorname	du
gute Freunde	Vorname	du
Verwandte	…	du

B4 **Duzen und Siezen am Arbeitsplatz**
Lesen und hören Sie den folgenden Text.

Duzen oder Siezen?

Spätestens mit der „New Economy" kam das *Du*. Plötzlich duzte jeder jeden. In kleinen und großen Betrieben änderten sich die Umgangsformen radikal. Vorgesetzte duzten ihre Mitarbeiter, die Mitarbeiter
5 duzten die Vorgesetzten – und man fühlte sich sehr modern.

Aber, anders als sich das viele Mitarbeiter gewünscht hatten, wurde das Verhältnis der Kollegen untereinander und zu den Vorge-
10 setzten mit dem *Du* nicht automatisch einfacher oder persönlicher.

Heute ist das gute alte *Sie* aus dem Jahre 1740 wieder auf dem Vormarsch*. Selbst die jungen Leute siezen wieder mehr. Nach einer
15 Umfrage des Instituts Allensbach waren 1993 59 Prozent der 16- bis 29-Jährigen schnell beim *Du*, heute sind es nur noch 48 Prozent. Fast die Hälfte der jungen Leute überlegt genau, ob sie *Du* oder *Sie* sagen.

20 Nach Meinung des Sprachwissenschaftlers Dr. Lutz Kuntzsch von der Gesellschaft für deutsche Sprache spielt das Duzen oder Siezen beim Umgang mit anderen eine wichtige Rolle. „Eine *Sie*-Form bedeutet nicht nur ein distanziertes Ver-
25 hältnis, sondern sie kann auch Respekt ausdrücken. Aber generell gilt: Wer zu schnell duzt, gilt als unhöflich, wer zu lange siezt, wirkt steif."

** Das *Sie* ist auf dem Vormarsch. = Es ist wieder modern.*

Du sagen = duzen
Sie sagen = siezen

B5 **Informationen aus dem Text**
Was ist richtig, was ist falsch? Kreuzen Sie an.

	richtig	falsch
1. Langsam kommt das Siezen wieder in Mode.	☐	☐
2. In den 1990er-Jahren duzte man schneller als heute.	☐	☐
3. Die 16- bis 29-Jährigen duzen sich untereinander.	☐	☐
4. Man muss in Deutschland seit 1740 immer *Sie* sagen.	☐	☐
5. Die *Sie*-Form kann auch Respekt ausdrücken.	☐	☐

B6 **Textarbeit**
Was passt zusammen? Ordnen Sie zu.

(1) Mit der „New Economy"   (a) duzten ihre Mitarbeiter.

(2) In kleinen und großen Betrieben   (b) ist heute wieder auf dem Vormarsch.

(3) Vorgesetzte   (c) kam das *Du*.

(4) Das gute alte *Sie*   (d) wirkt steif.

(5) Das Duzen oder Siezen   (e) änderten sich die Umgangsformen radikal.

(6) Die *Sie*-Form   (f) spielt beim Umgang mit anderen eine wichtige Rolle.

(7) Wer zu schnell duzt,   (g) kann auch Respekt ausdrücken.

(8) Wer zu lange siezt,   (h) gilt als unhöflich.

Zeitangaben

Temporale Präpositionen

Zeitpunkt:	Wann treffen wir uns?	(um)	8.00 Uhr	(Uhrzeit)
		am	Montag	(Tag)
			Morgen	(Tageszeit)
		im	Januar	(Monat)
			Winter	(Jahreszeit)
			Moment/Augenblick	
		–	2021	(Jahr)
		vor	dem Essen	
		nach	dem Essen	
		zwischen	9.00 und 10.00 Uhr	

Zeitdauer:	Wie lange haben Sie Zeit?	von 9.00 Uhr bis 12.00 Uhr
	Von wann bis wann geht das Semester?	vom 2.2. bis zum 13.5.
	Wie lange dauert das Seminar?	von Februar bis Mai
	Seit wann arbeiten Sie schon?	seit September

Datumsangabe:	Heute ist der 1.1. (erste Januar).	→ Nominativ
	Wir treffen uns am 1.1. (ersten Januar).	→ Dativ

C1 **Finden Sie die richtige Reihenfolge.**

Tage:	Donnerstag ▪ Dienstag ▪ Samstag ▪ Mittwoch ▪ **Montag** ▪ Sonntag ▪ Freitag
Monate:	Juni ▪ **Januar** ▪ September ▪ Februar ▪ März ▪ Dezember ▪ April ▪ Juli ▪ August ▪ Oktober ▪ Mai ▪ November
Jahreszeiten:	Winter ▪ **Frühling** ▪ Herbst ▪ Sommer

Montag → .... → .... → ....

→ .... → .... → ....

Januar → .... → .... → ....

→ .... → .... → ....

→ .... → .... → ....

→ .... → ....

Frühling → .... → .... → ....

C2 **Wann treffen wir uns? Ergänzen Sie die Präpositionen, wenn erforderlich.**

1. .... 8.15 Uhr
2. .... Nachmittag
3. .... Montag
4. .... Mai
5. 2019
6. .... Abend
7. .... 20.00 Uhr
8. .... Wochenende
9. .... Sommer
10. .... Mittwoch
11. .... Herbst
12. .... 23. Juni 2021
13. .... Januar
14. .... Sonntag
15. .... 1.1.2028

C3　Schreiben Sie die Zeitangaben wie im Beispiel.

a) Wann haben Sie Zeit?

- am 2.3.　*am zweiten März*
1. am 1.1. ....
2. am 7.4. ....
3. am 28.8. ....
4. am 13.7. ....

5. am 9.2. ....
6. am 24.12. ....
7. am 3.10. ....
8. am 11.11. ....
9. am 18.6. ....

b) Von wann bis wann geht der Deutschkurs?

- vom 2.3. bis zum 3.4.　*vom zweiten März bis zum dritten April*
1. vom 1.5. bis zum 15.5. ....
2. vom 1.11. bis zum 23.12. ....
3. vom 2.6. bis zum 5.7. ....
4. vom 6.2. bis zum 28.2. ....
5. vom 4.9. bis zum 30.10. ....
6. vom 3.1. bis zum 17.4. ....

C4　Antworten Sie in ganzen Sätzen.

- Wann kommst du mal bei uns vorbei? *(Mittagessen)*
  Ich komme nach/vor dem Mittagessen bei euch vorbei.

1. Wann hätten Sie Zeit?
   (Freitagnachmittag/15.00 Uhr)
   ....
   ....

2. Wann fährst du wieder nach Österreich?
   (Winter)
   ....
   ....

3. Wie lange hast du bei Bosch gearbeitet?
   (2015–2019)
   ....
   ....

4. Seit wann studierst du in Frankfurt?
   (Oktober)
   ....
   ....

5. Wie lange hast du in Dresden gewohnt?
   (Mai 2018–Juni 2020)
   ....
   ....

6. Wann spielst du wieder Fußball?
   (Sonntag)
   ....
   ....

7. Wann besuchst du endlich Tante Annelies?
   (Wochenende)
   ....
   ....

8. Wann ist die Besprechung?
   (Mittagspause)
   ....
   ....

Dresden: Neumarkt

Konjuktiv II

Die höfliche Bitte

höflich	noch höflicher
Beantworten Sie bitte den Brief.	Würden Sie bitte den Brief beantworten?
Haben Sie mal ein Blatt Papier?	Hätten Sie mal ein Blatt Papier?
Können Sie mir helfen?	Könnten Sie mir helfen?

C5 Sagen Sie es höflicher im Konjunktiv.

1. Kann ich mir mal kurz Ihren Stift leihen?

....

....

2. Haben Sie am Montag Zeit?

....

....

3. Kann ich den Brief mal sehen?

....

....

4. Ich will ein Schnitzel mit Gemüse.

....

....

5. Haben Sie ein Glas Wasser für mich?

....

....

6. Können Sie mir sagen, wo die Besprechung stattfindet?

....

....

7. Frau Krumm, schreiben Sie bitte das Protokoll.

....

....

8. Kann ich den Termin noch ändern?

....

....

9. Können Sie ein bisschen lauter sprechen?

....

....

10. Ich zeige Ihnen mal etwas.

....

....

11. Können Sie das bis morgen machen?

....

....

12. Haben Sie noch einen Termin für mich frei?

....

....

13. Kann ich mal Ihr Telefon benutzen?

....

....

C6 **Formulieren Sie Fragen bzw. Bitten im Konjunktiv II.**   bereits = schon

■ *Könnten Sie das Fenster öffnen?*   Ja, ich öffne das Fenster gerne.

1. ....   Mein Auto brauche ich heute selbst.

2. ....   Nein, zum Kopieren habe ich keine Zeit.

3. ....   Nein, ich habe keinen Kaffee mehr.

4. ....   Nein, ich kann leider nicht lauter sprechen.

5. ....   Tut mir leid, Herr Klein ist heute nicht im Büro.

6. ....   Ich habe bereits einen Tisch für vier Personen reserviert.

7. ....   Tut mir leid. Ich habe kein Auto.

8. ....   Ich habe schon letzte Woche das Protokoll geschrieben.

Kasus

Direkter Kasus

Das Verb regiert im Satz.

Ich   vereinbare   einen Termin.   Ich   sende   Ihnen   die Preisliste.

vereinbaren   senden

NOMINATIV   AKKUSATIV   NOMINATIV   DATIV   AKKUSATIV

C7 *Ich, mir* oder *mich*? Ergänzen Sie die richtigen Personalpronomen.

1. Könnten Sie .... morgen Vormittag anrufen?

2. Wann können Sie .... die neuen Farben zeigen?

3. Der Donnerstag passt .... gar nicht.

4. Am Freitag habe .... schon sehr viele Termine.

5. Ich möchte .... die neuen Produkte gerne ansehen.

6. Ich beeile ....

7. Besuchen Sie .... doch mal.

8. Können Sie .... helfen?

9. Würden Sie .... bitte einen Kaffee bringen?

10. Könnten Sie .... zum Bahnhof fahren?

11. Bitte informieren Sie ...., wenn die Sitzung zu Ende ist.

12. Senden Sie .... bitte heute noch die Preisliste.

13. Bitte verbinden Sie .... mit Frau Stör von der Verkaufsabteilung.

14. Könntest du .... das Dokument mitbringen?

Präpositionaler Kasus

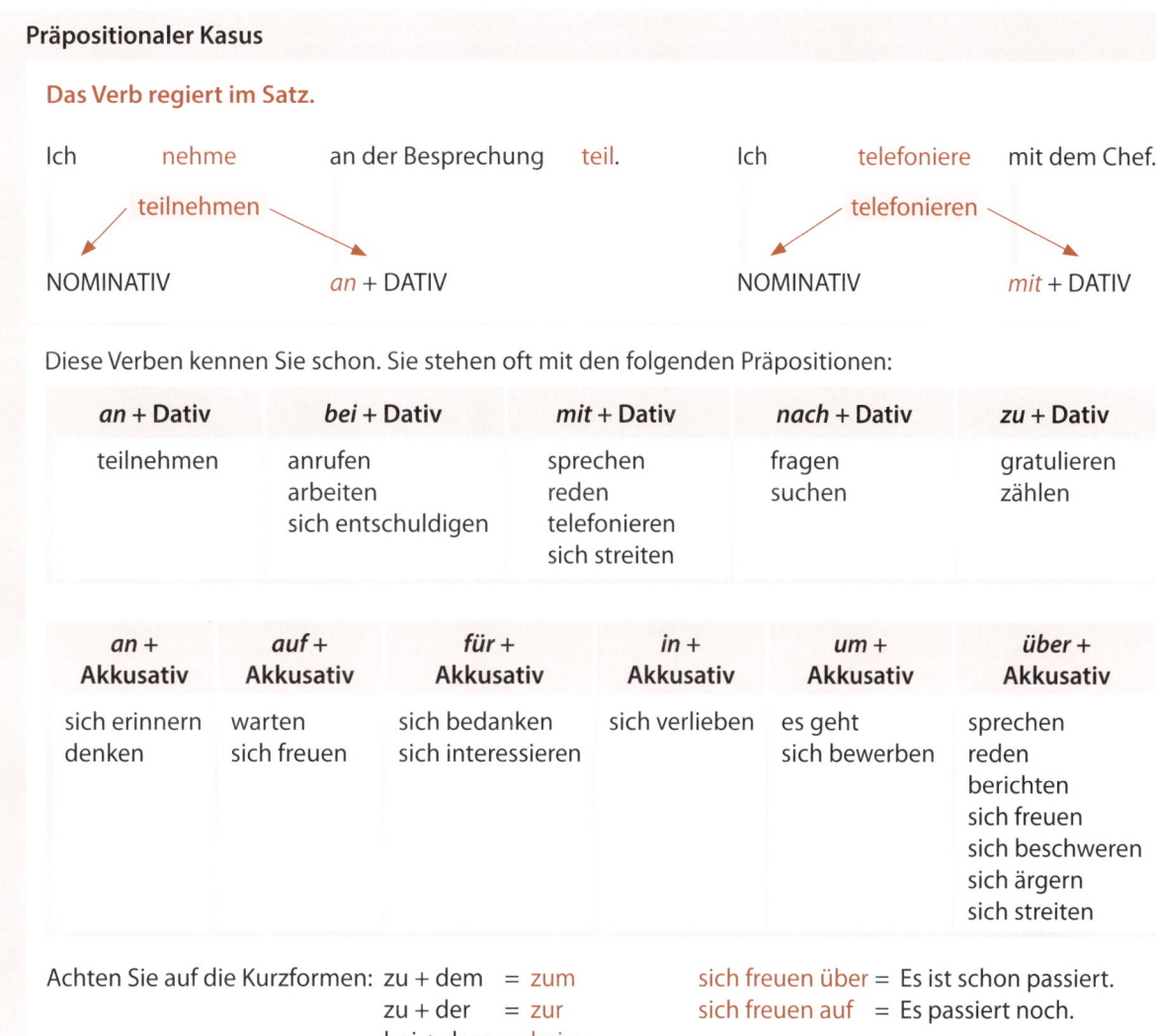

Das Verb regiert im Satz.

Ich   nehme   an der Besprechung   teil.   Ich   telefoniere   mit dem Chef.

teilnehmen   telefonieren

NOMINATIV   *an* + DATIV   NOMINATIV   *mit* + DATIV

Diese Verben kennen Sie schon. Sie stehen oft mit den folgenden Präpositionen:

an + Dativ	*bei* + Dativ	*mit* + Dativ	*nach* + Dativ	*zu* + Dativ
teilnehmen	anrufen arbeiten sich entschuldigen	sprechen reden telefonieren sich streiten	fragen suchen	gratulieren zählen

an + Akkusativ	*auf* + Akkusativ	*für* + Akkusativ	*in* + Akkusativ	*um* + Akkusativ	*über* + Akkusativ
sich erinnern denken	warten sich freuen	sich bedanken sich interessieren	sich verlieben	es geht sich bewerben	sprechen reden berichten sich freuen sich beschweren sich ärgern sich streiten

Achten Sie auf die Kurzformen: zu + dem = zum   sich freuen über = Es ist schon passiert.
zu + der = zur   sich freuen auf = Es passiert noch.
bei + dem = beim

C8 **Ergänzen Sie die Nomen im richtigen Kasus.**

- Ich interessiere mich für *die Stelle* (Stelle)/*das Produkt* (Produkt).

1. Ich freue mich auf .... (Ferien)/ .... (Wochenende).

2. Steffi denkt an .... (Arbeit)/ .... (Brief von ihrem Freund).

3. Paul beschwert sich über .... (Arbeitszeit)/ .... (Essen).

4. Frau Klein ruft bei .... (Firma VASA)/ .... (Hausmeister) an.

5. Wir warten auf .... (Protokoll)/ .... (Antwort).

6. Ich bedanke mich für .... (Anruf)/ .... (Blumen).

7. Ottfried bewirbt sich um .... (Praktikumsplatz)/ .... (Stelle).

8. Martin nimmt an .... (Besprechung)/ .... (Feier) nicht teil.

9. Sabine entschuldigt sich für .... (Verspätung)/ .... (Fehler).

10. Herr Sander spricht mit Frau Krug über .... (Preise)/ .... (Arbeitszeit).

11. Es geht um .... (Termin)/ .... (neues Produkt).

12. Steffi telefoniert mit .... (Verwaltung)/ .... (Chef).

C9   Ergänzen Sie die richtigen Präpositionen und die Endungen der Artikel.

1. Könnten Sie bitte mal .... Siemens anrufen und .... d........ Preisen fragen?

2. Frau Krause interessiert sich sehr .... d........ Privatleben ihrer Kollegen.

3. Die Firma zählt .... d........ wichtigsten Exporteuren *(Pl.)* von Blumen.

4. Hast du dich .... d........ Stelle bei Mercedes beworben?

5. Hast du dich .... d........ Einladung schon bedankt?

6. Könnten Sie mir etwas .... d........ Besprechung berichten?

7. Wer hat .... d........ Besprechung teilgenommen?

8. Haben Sie auch .... d........ neuen Farben gesprochen?

9. Ich gratuliere Ihnen ganz herzlich .... Beförderung.

10. Sie telefoniert schon wieder .... ihr........ Freund.

11. Denkst du .... d........ Essen in der Kantine?

12. Wir warten noch immer .... d........ Bericht vom Chef.

13. Ärgerst du dich .... dies........ E-Mail?

C10   Beantworten Sie die Fragen.

■ Worüber habt ihr gesprochen? *(der Preis)*   *Wir haben über den Preis gesprochen.*

1. Wofür interessieren Sie sich? *(Kunst)*

   ....

2. Mit wem haben Sie telefoniert? *(Frau König)*

   ....

3. Worüber haben Sie sich gestern geärgert? *(das Computerprogramm)*

   ....

   ....

4. Worauf freuen Sie sich? *(der Urlaub)*

   ....

5. Mit wem haben Sie in der Mittagspause geredet? *(der Direktor)*

   ....

6. Wofür hast du dich bedankt? *(das Geschenk)*

   ....

7. Bei wem hast du dich entschuldigt? *(die Rezeptionistin)*

   ....

8. Worüber haben Sie sich beschwert? *(das Essen in der Kantine)*

   ....

9. Auf wen warten Sie? *(mein Mitarbeiter)*

   ....

C11 **Fragen Sie Ihre Nachbarin/Ihren Nachbarn und berichten Sie.**
(Sie dürfen bei der Antwort auch lügen!)

- Woran erinnern Sie sich gern?
- Wovon haben Sie letzte Nacht geträumt?
- Woran denken Sie gerade?

- Mit wem haben Sie sich im letzten Jahr gestritten?
- Worüber ärgern Sie sich manchmal?
- Worüber haben Sie sich letzte Woche gefreut?

Fragen

a) nach einer Person: Von wem träumst du?
Ich träume von meinem Lehrer/meiner Lehrerin.
An wen denkst du?
Ich denke an meinen Freund.

→ Präposition + wem

→ Präposition + wen

b) nach einer Sache: Wovon träumst du?
Ich träume von der deutschen Grammatik.
Woran denkst du?
Ich denke an meine Arbeit.

→ Wo + Präposition

→ Wo + r + Präposition
Präposition beginnt
mit einem Vokal.

C12 **Wie heißen die Fragen?**

■ *Worüber habt ihr euch beschwert? Worüber haben Sie sich beschwert?*

Wir haben uns über das Essen beschwert.

1. ....?

Paul hat sich bei der Direktorin entschuldigt.

2. ....?

Ich habe mit Frau Maier telefoniert.

3. ....?

Wir haben uns für das Geschenk bedankt.

4. ....?

Ich träume von einem Sommerurlaub.

5. ....?

Cornelia interessiert sich für Kunst.

6. ....?

Max interessiert sich für Cornelia.

7. ....?

Ich ärgere mich über das Wetter.

8. ....?

Es geht um einen neuen Termin.

9. ....?

Ich erinnere mich gern an meine Schulzeit.

10. ....?

Wir haben über die Arbeitszeit gesprochen.

Nebensätze

Indirekte Fragen

W-Frage:	Wo ist Frau Krause?
	Könnten Sie mir sagen, wo Frau Krause ist?
	Ich weiß nicht, wo Frau Krause ist.
Ja-Nein-Frage:	Kommt die Chefin heute noch?
	Könnten Sie mir sagen, ob die Chefin heute noch kommt?
	Ich weiß nicht, ob die Chefin heute noch kommt.

C13 **Niemand weiß etwas. Antworten Sie wie im Beispiel.**

■ Wann kommen die Gäste am Flughafen an?

Ich kann Ihnen leider nicht sagen, wann die Gäste am Flughafen ankommen.

Ich weiß leider auch nicht, wann die Gäste am Flughafen ankommen.

1 Wo ist das Protokoll der letzten Besprechung?

....

....

....

....

5 Hat sich Herr Schneider gut vorbereitet?

....

....

....

....

2 Was macht die Praktikantin gerade?

....

....

....

....

6 Was sind die Verkaufsergebnisse des letzten Jahres?

....

....

....

....

3 Wann fängt die Produktpräsentation an?

....

....

....

....

7 Wer kann mir diesen Brief aus China übersetzen?

....

....

....

....

4 Hat Friedrich den Fehler in der Tabelle schon gefunden?

....

....

....

8 Wer kommt von der Firma Bosch?

....

....

....

dass-Sätze

Ich weiß,	dass	sie	kommt.
	Subjunktion		konjugiertes Verb

Dass-Sätze folgen oft nach Wendungen wie:

Es tut mir leid, dass …
Es freut mich, dass …
Mir gefällt nicht, dass …
Ich finde es schön, dass …
Ich bin der Meinung, dass …

Dass-Sätze können auch als Akkusativergänzung stehen:

Was glaubst du?	Ich glaube *(nicht)*, dass er gewinnt.
Was weißt du?	Ich weiß, dass er gewinnt.
Was schreibt er?	Er schreibt, dass er gewinnt.
Was sagt sie?	Sie sagt, dass er gewinnt.

C14 **Wussten Sie schon, dass …? Bilden Sie *dass*-Sätze.**

■ Wir bekommen einen neuen Chef.
  Wussten Sie schon, dass wir einen neuen Chef bekommen?

1. Frau Kummer hat gekündigt.
   ....

2. Wir haben eine neue Praktikantin.
   ....

3. Frau Schulze heiratet nächste Woche.
   ....

4. Die Preise steigen.
   ....

5. Die Verwaltung hat neue Computer bestellt.
   ....

6. Karl muss morgen den Computer vom Chef neu einrichten.
   ....

7. Frau Kegel will eine Dienstreise nach London machen.
   ....

8. Frau Schön war in ihrer Arbeitszeit beim Friseur.
   ....

9. Der Hausmeister hat eine neue Freundin.
   ....

10. Wir sollen ab Januar länger arbeiten.
    ....

11. Die Sekretärin hat die Bestellung noch nicht abgeschickt.
    ....

12. In der Bibliothek kann man auch E-Books ausleihen.
    ....

13. Man kann sich das neue Software-Programm aus dem Internet herunterladen.
    ....

Rückblick

 D1 **Wichtige Redemittel**
Hier finden Sie die wichtigsten Redemittel des Kapitels.

Zweisprachige Redemittellisten finden Sie hier: **www.schubert-verlag.de/wortschatz**

Arbeit allgemein

arbeiten als … bei … ▪ sich um eine Stelle bewerben ▪ bei einer Firma kündigen ▪ eine interessante Arbeit haben ▪ Die Arbeitszeit geht von … bis … ▪ Pause machen ▪ in der Kantine essen ▪ monatlich Gehalt bekommen ▪ über eine Gehaltserhöhung reden/sprechen ▪ sich mit einem Kollegen streiten ▪ sich über einen Erfolg freuen ▪ sich über den Service beschweren

Bürotätigkeiten

mit Kollegen über dienstliche Probleme reden ▪ E-Mails öffnen/lesen/beantworten/löschen/schreiben/weiterleiten ▪ Dokumente lesen ▪ mit Kunden und Kollegen telefonieren ▪ Termine vereinbaren ▪ Dienstreisen machen/organisieren ▪ an Besprechungen/Sitzungen teilnehmen ▪ Protokolle schreiben ▪ ein Computerproblem haben/lösen ▪ Rechnungen schreiben/bezahlen ▪ eine Excel-Tabelle ausfüllen ▪ ein Produkt vorstellen/präsentieren

Telefonieren

▪ Guten Tag, *(Name)* hier.
Guten Tag. Hier ist *(Name)*.
Könnte ich bitte Herrn/Frau … sprechen?
Ich möchte gerne Herrn/Frau … sprechen.

▪ Einen Moment bitte. Ich verbinde Sie.
Wie war Ihr Name?
Wie ist Ihr Name?
Könnten Sie Ihren Namen buchstabieren?

▪ *(Name)*, was kann ich für Sie tun?/Worum geht es?

▪ Ich möchte gern einen Termin vereinbaren.
Ich würde gerne mit Ihnen einen Termin vereinbaren.
Es geht um einen Termin.
Ich würde Ihnen gerne unser neues Produkt präsentieren.
Es geht um unsere neuen Produkte.

▪ Geht es am *(Dienstag, dem fünften März)* um *(11.00 Uhr)*?
Passt es Ihnen am *(Dienstag, dem fünften März)* um *(11.00 Uhr)*?
Würde es Ihnen am … passen?
Hätten Sie nächste Woche Zeit?

▪ Nein, das tut mir leid. Am … habe ich leider keine Zeit.
Ja, der … um … passt mir.
Ja, am … würde es mir passen.
Ja, am … um … geht es/habe ich Zeit.
Ich hätte am … Zeit.

Aus Geschäftsbriefen

ein Angebot machen/schreiben/prüfen/annehmen/ablehnen ▪ einen Auftrag schreiben/senden/erhalten/bestätigen ▪ eine Bestellung schreiben/aufgeben ▪ Produkte anbieten/bestellen/liefern

Einen Auftrag/Eine Bestellung schreiben: Vielen Dank für Ihre E-Mail/Ihr Schreiben vom … ▪ Wir haben Ihr Angebot geprüft. ▪ Wir möchten hiermit folgende Bestellung aufgeben … ▪ Die Lieferung erwarten wir bis zum … ▪ Wir bitten um eine Bestätigung des Auftrags. ▪ Mit freundlichen Grüßen

D2 **Kleines Wörterbuch der Verben**

Unregelmäßige Verben

Infinitiv	3. Person Singular Präsens	3. Person Singular Präteritum	3. Person Singular Perfekt
anbieten (Produkte)	sie bietet an	sie bot an	sie hat angeboten
annehmen (ein Angebot)	sie nimmt an	sie nahm an	sie hat angenommen
aufgeben (eine Bestellung)	sie gibt auf	sie gab auf	sie hat aufgegeben
bewerben (sich um eine Stelle)	sie bewirbt sich	sie bewarb sich	sie hat sich beworben
sitzen	sie sitzt	sie saß	sie hat gesessen
teilnehmen (an)	sie nimmt teil	sie nahm teil	sie hat teilgenommen
verbinden (jemanden)	sie verbindet	sie verband	sie hat verbunden
wissen	sie weiß	sie wusste	sie hat gewusst

Einige regelmäßige Verben

Infinitiv	3. Person Singular Präsens	3. Person Singular Präteritum	3. Person Singular Perfekt
ablehnen (ein Angebot)	sie lehnt ab	sie lehnte ab	sie hat abgelehnt
beantworten (eine E-Mail)	sie beantwortet	sie beantwortete	sie hat beantwortet
beenden	sie beendet	sie beendete	sie hat beendet
buchstabieren (den Namen)	sie buchstabiert	sie buchstabierte	sie hat buchstabiert
erwarten (jemanden/etwas)	sie erwartet	sie erwartete	sie hat erwartet
kündigen	sie kündigt	sie kündigte	sie hat gekündigt
liefern (Produkte)	sie liefert	sie lieferte	sie hat geliefert
passen (es passt mir)	es passt mir	es passte mir	es hat mir gepasst
präsentieren (ein Produkt)	sie präsentiert	sie präsentierte	sie hat präsentiert
reden (über etwas)	sie redet	sie redete	sie hat geredet
sagen (jemandem etwas)	sie sagt	sie sagte	sie hat gesagt
senden (eine E-Mail)	sie sendet	sie sendete	sie hat gesendet
verabschieden (sich)	sie verabschiedet sich	sie verabschiedete sich	sie hat sich verabschiedet
vereinbaren (einen Termin)	sie vereinbart	sie vereinbarte	sie hat vereinbart
vorstellen (ein Produkt)	sie stellt vor	sie stellte vor	sie hat vorgestellt
warten	sie wartet	sie wartete	sie hat gewartet
weiterleiten (eine E-Mail)	sie leitet weiter	sie leitete weiter	sie hat weitergeleitet
zustimmen	sie stimmt zu	sie stimmte zu	sie hat zugestimmt

D3 **Evaluation**
Überprüfen Sie sich selbst.

Ich kann	gut	nicht so gut
Ich kann über Bürotätigkeiten berichten.	☐	☐
Ich kann ein geschäftliches Telefonat führen, Termine vereinbaren und absagen, Gründe nennen.	☐	☐
Ich kann eine höfliche Bitte formulieren.	☐	☐
Ich kann dienstliche Anweisungen verstehen.	☐	☐
Ich kann auf meine Arbeit bezogene Fragen stellen und beantworten.	☐	☐
Ich kann in offiziellen Schreiben Gruß- und Anredeformeln verstehen und benutzen.	☐	☐
Ich kann eine einfache Bestellung schreiben.	☐	☐
Ich kann darüber berichten, was ich im Arbeitsleben und bei Kollegen wichtig finde. *(fakultativ)*	☐	☐
Ich kann die mündlichen Anredeformen. *(fakultativ)*	☐	☐

1 Ausbildung und Tätigkeiten

A3 1. Pedro ist in Barcelona geboren. 2. Martina ist in Berlin zur Schule gegangen. 3. Pedro hat in Madrid Biologie studiert. Er hat sein Studium 2015 abgeschlossen. 4. Martina hat eine Ausbildung zur Kauffrau für Büromanagement gemacht. Diese Ausbildung hat sie 2018 abgeschlossen. 6. Pedro arbeitet beim Europäischen Patentamt in München. Martina arbeitet als Büromanagerin bei KAKO. 7. Pedro muss viele Patente lesen und Briefe an Patentanwälte schreiben. Martina muss viele E-Mails lesen und schreiben, mit Kunden telefonieren und Termine vereinbaren. 8. Pedro wohnt in einer kleinen Wohnung im Zentrum von München. Martina wohnt bei ihren Eltern. 9. Martina ist nicht verheiratet, sie ist ledig. Ja, Pedro ist verheiratet. 10. Pedro spielt in seiner Freizeit Fußball oder liest Fachzeitschriften. Martina liest in ihrer Freizeit gern und geht manchmal mit Freunden ins Kino.

A4 1. ein Studium abschließen 2. eine Ausbildung machen/abschließen 3. zur Schule gehen 4. Fachzeitschriften lesen 5. Fußball spielen 6. mit Kunden telefonieren 7. Biologie studieren 8. Termine vereinbaren 9. bei den Eltern wohnen

A5 1. Kauffrau für Büromanagement 2. Lehrerin 3. Informatiker 4. Marketingmanagerin 5. Student 6. Schauspieler und Schauspielerin 7. Kellner 8. Fußballspieler 9. Arzt

A6 b) 1. Eine Büromanagerin vereinbart Termine, beantwortet E-Mails und telefoniert mit Kunden. 2. Ein Informatiker löst Computerprobleme. 3. Ein Arzt führt Gespräche mit Patienten und hilft kranken Menschen. 4. Eine Lehrerin unterrichtet Kinder. 5. Ein Kellner bedient Gäste. 6. Ein Fußballspieler schießt ein Tor/schießt Tore. 7. Eine Marketingmanagerin entwickelt Marketingstrategien, präsentiert Ideen und hat viele Besprechungen. 8. Ein Student lernt viel und liest Bücher.

A7 a) 1. Feuerwehrmann/-frau 97 % 2. Krankenpfleger/Krankenschwester 95 % 3. Apotheker/in 92 % 4. Pilot/in 89 % 5. Arzt/Ärztin 88 % 6. Bus-/Bahnfahrer/in 88 % 7. Richter/in 79 % 8. Polizist/in 76 % … (letzter Platz: Politiker/in 17 %)

A9 1. Haben Sie schon einmal ein Brot gebacken? 2. Sind Sie schon einmal nach New York geflogen? 3. Sind Sie schon einmal mit dem Motorrad gefahren? 4. Haben Sie schon einmal ein neues Projekt präsentiert? 5. Haben Sie schon einmal ein Gedicht geschrieben? 6. Haben Sie schon einmal an der Nordsee Urlaub gemacht? 7. Haben Sie schon einmal ein Buch auf Deutsch gelesen? 8. Sind Sie schon einmal um 4.00 Uhr aufgestanden? 9. Haben Sie schon einmal eine Currywurst gegessen? 10. Haben Sie schon einmal eine E-Mail an die falsche Adresse gesendet? 11. Haben Sie schon einmal in einem teuren Geschäft eingekauft? 12. Haben Sie schon einmal eine Medaille gewonnen?

A11 a) **Matthias:** 1. schlechter 2. Sport 3. Fußball 4. Deutsch 5. interessiert 6. (um) halb acht/7.30 Uhr 7. Spaß
Susanne: 1. Schülerin 2. Sprachen 3. Englisch 4. arbeitet 5. Hausaufgaben 6. um 8.00 Uhr 7. freitags

Hörtext:
Matthias: Ich erinnere mich nicht gern an meine Schulzeit. Ich war ein schlechter Schüler. Das einzige Fach, das mir Spaß gemacht hat, war Sport. Auch nach der Schule habe ich viel Sport gemacht, ich war Mitglied im Fußballverein. Als ich zehn Jahre alt war, habe ich jeden Nachmittag Fußball gespielt. Unsere Mannschaft war sogar Fußballmeister der Stadt. Aber die Schule … Ich weiß noch, ich hatte eine Mathematiklehrerin, die war wirklich schrecklich. Deshalb habe ich nicht gern gerechnet. Und in Deutsch hatte ich auch Probleme. Mich hat eigentlich Fußball viel mehr interessiert als die Schule. Bei uns hat die Schule damals um halb acht

morgens begonnen. In den ersten zwei Stunden habe ich meistens noch geschlafen. Später, da war ich 14 oder 15 Jahre alt, haben mir Fächer wie Chemie und Physik Spaß gemacht. Und das Rechnen habe ich auch noch gelernt. Heute bin ich Ingenieur.

Susanne: Ich war eine gute Schülerin. Ich hatte eine sehr gute Deutschlehrerin und in Englisch hatte ich eine Eins. Sprachen haben für mich immer eine große Rolle gespielt. Heute arbeite ich als Journalistin und kann die Sprachen sehr gut gebrauchen. Mathematik und Physik haben mich nicht interessiert. In diesen Fächern habe ich auch manchmal keine Hausaufgaben gemacht und natürlich hatte ich keine guten Noten. Ich glaube, ich hatte in Mathematik eine Drei. Unsere Schule hat um 8.00 Uhr angefangen und um 13.00 Uhr bin ich nach Hause gegangen. Mittwochs und freitags habe ich nach der Schulzeit Tennis gespielt.

b) Schüler – Lieblingsfächer – Volleyball – Mannschaft – Mädchen – Spaß – Probleme

A13 1. Kinderkrippe 2. Kindergarten 3. Grundschule 4. Gymnasium 5. Studium 6. Mittleren 7. Berufsausbildung

A15 1. Schüler 2. Fächer 3. Grundschule, das Rechnen 4. Schule 5. Gymnasium 6. Mathematiklehrerin 7. Noten 8. Hausaufgaben 9. Fußball 10. Abitur 11. Universität

A16 a) 1. 1994 2. Düsseldorf 3. 2012 4. 2012 5. Geschichte 6. Bremen 7. Manchester 8. Ingenieurin 9. Praktikum 10. Mitarbeiterin
b) 1. besucht 2. abgeschlossen 3. begonnen 4. gefallen 5. studiert 6. verbessert 7. gemacht 8. absolviert 9. bekommen

Hörtext:
Mein Name ist Sandra Weber. Ich bin am 14. Mai 1994 in Düsseldorf geboren. Mein Vater ist Mathematiklehrer und meine Mutter ist Sportlehrerin. Meine Eltern arbeiten beide am Friedrich-Schiller-Gymnasium in Düsseldorf. Mit drei Jahren bin ich in den Kindergarten gegangen und ab 2000 in die Grundschule. Von 2004 bis 2012 habe ich das Gymnasium besucht und mit dem Abitur abgeschlossen. In der Schulzeit hatte ich verschiedene Interessen, zum Beispiel Geschichte, Sprachen oder Technik. 2012 habe ich an der Universität Köln ein Studium im Fach Geschichte begonnen. Aber das hat mir nicht gefallen, ich wollte lieber etwas Technisches studieren. Von 2013 bis 2016 habe ich an der Hochschule Bremen Umwelttechnik studiert. Im fünften Semester, im Herbst 2015, war ich vier Monate zum Auslandsstudium in Manchester. Dort konnte ich mein Englisch stark verbessern. Im Sommer 2016 habe ich dann meinen Bachelor-Abschluss als Ingenieurin für Umwelttechnik gemacht. Nach dem Studium konnte ich ein Praktikum bei der Stadtverwaltung in Bremen absolvieren und ich habe im Januar 2017 eine Stelle als Mitarbeiterin im Bereich Umweltschutz bei der Stadt Bremen bekommen. Ich arbeite gemeinsam mit meinen Kollegen an einer sauberen und grünen Stadt. Meine Arbeit ist sehr interessant und wichtig und sie macht mir viel Spaß. Ich bin ledig und habe keine Kinder.

A17 b) 1. Von 2008 bis 2011 hat er Volkswirtschaftslehre (VWL) an der Universität Leipzig studiert. 2. Sein Schwerpunkt war Finanzökonomie. 3. Danach hat er von 2011 bis 2013 ein Masterstudium an der Handelshochschule Leipzig absolviert. 4. Im Sommer 2012 hat Peter ein Praktikum bei der Deutschen Bank in Leipzig gemacht und Arbeitserfahrungen gesammelt. 5. 2013 hat er sein Studium mit dem Master of Science abgeschlossen. 6. Von 2013 bis 2015 hat er als Mitarbeiter in der Abteilung Strategie und Kontrolle bei Siemens in München gearbeitet. 7. Seit 2016 ist Peter Marketingmanager bei KODAX in Leipzig. 8. Er spricht sehr gut Englisch und gut Französisch. 9. Er beherrscht Microsoft Office.

A18 2. ein Computerprogramm beherrschen 3. Erfahrungen machen/sammeln 4. an einer Universität studieren/arbeiten 5. eine Fremdsprache beherrschen/lernen 6. gute Noten bekommen 7. ein Praktikum machen/absolvieren 8. ein Masterstudium machen/absolvieren 9. als Marketingmanager arbeiten

A21 a) 1. Sabine schminkt sich. 2. Klaus rasiert sich. 3. Felix zieht sich an. 4. Ich bereite mich auf eine Prüfung vor. 5. Leon ärgert sich über das Computerprogramm. 6. Kathrin und Max unterhalten sich. 7. Alexandra entspannt sich. 8. Frau Weber und Herr Schneider begrüßen sich. 9. Herr Huber interessiert sich für Kunst.
b) 1. Sabine hat sich geschminkt. 2. Klaus hat sich rasiert. 3. Felix hat sich angezogen. 4. Ich habe mich auf eine Prüfung vorbereitet. 5. Leon hat sich über das Computerprogramm geärgert. 6. Kathrin und Max haben sich unterhalten. 7. Alexandra hat sich entspannt. 8. Frau Weber und Herr Schneider haben sich begrüßt. 9. Herr Huber hat sich für Kunst interessiert.

A22 1. Mia hat sich wieder über ihre Chefin geärgert. 2. Wir haben uns über die Grüße von Sebastian gefreut. 3. Es ist 12.00 Uhr und Julian hat sich noch nicht angezogen. 4. Ihr habt euch noch nicht für die Blumen bedankt. 5. Ich habe mich an der Hotelrezeption über das Zimmer beschwert. 6. Peter und Paul haben sich schon wieder gestritten. 7. Ich habe mich gestern erkältet.

A23 b) eine E-Mail be_antworten – Termine ver_einbaren – ein Problem lös_en – Freunde be_suchen – Gespräche f_ühren – um 8.00 Uhr _aufstehen – mit der Arbeit be_ginnen – an einer Universität stud_ieren – in einem Hotel über_nachten – Tennis sp_ielen – eine Masterarbeit sch_reiben – ein Studium _abschließen – die Kollegen be_grüßen

A25 1. Die Firma liegt sehr günstig, gleich in der Nähe des Bahnhofs. 2. In der Nähe des Eingangs ist der Fahrstuhl. 3. Das hier ist das Zimmer der Verwaltungsleiterin und dahinter liegt das Zimmer der Marketingabteilung. 4. Dieser große Schreibtisch hier ist der Schreibtisch des Marketingchefs. 5. Hier stehen unsere Hauptrechner. Das ist der Arbeitsbereich der Informatiker. 6. Gleich daneben finden Sie die Praxis des Betriebsarztes. Ob das was zu bedeuten hat? 7. Das ist die Kantine der Mitarbeiter. Das Essen schmeckt hier manchmal schrecklich. 8. Ganz anders schmeckt das Essen in der Kantine des Managements. Das Management hat einen Extra-Koch, einen Koch der Spitzenklasse!

B3 a) 1. richtig 2. falsch 3. falsch 4. richtig 5. richtig 6. falsch
b) **Berufe mit sehr guten Chancen:** Ärzte, Mathematiker, Maschinenbau- und Elektroingenieure, Informatiker, Lehrer, Finanz- und Wirtschaftsmathematiker
Berufe mit unterschiedlichen Chancen: Betriebswirte, Juristen
Berufe mit geringen Chancen: Biologen, Architekten, Sprachwissenschaftler, Journalisten, Übersetzer

B4 1. d 2. e 3. a 4. f 5. c 6. b

B5 2. h 3. a 4. g 5. c 6. f 7. e 8. d 9. j 10. k 11. i

C1 1. Hast 2. lernt 3. kommen 4. steht 5. liegt, liest 6. Fährst 7. Gibt 8. Trinkst 9. fliegt, bleibe 10. arbeitet 11. isst 12. Bist 13. spricht

C2 1. ist, schläft 2. fotografiert 3. Hörst 4. scheint 5. Schmeckt 6. sieht 7. Hilfst 8. repariert 9. Telefonierst 10. Fahrt 11. studiert

C3 1. erklären 2. bekommen 3. angekommen 4. verstehe 5. nimm mit 6. vereinbart 7. fängt an 8. schalte aus 9. anrufen 10. beantworten 11. kauft ein

C4 1. Wie viele Stunden sehen Sie täglich fern? 2. Wo kauft ihr am liebsten ein? 3. Wann beginnt die Theatervorstellung?

4. Wann hört dein Arabischkurs auf? 5. Wie oft besuchen Sie Ihre Eltern? 6. Wann fährt Inge ab? 7. Wann erwartet ihr den Monteur? 8. Wie viele Tabletten nimmst du am Tag ein? 9. Wann kommt der Zug an?

C5 1. Er bezahlt die Rechnung. 2. Er vereinbart einen Termin. 3. Er lädt einen Freund zum Essen ein. 4. Er nimmt einen Fotoapparat mit. 5. Er beantwortet die E-Mail. 6. Er steht jeden Morgen um 8.00 Uhr auf. 7. Er schläft erst spät abends ein. 8. Er holt Tante Anneliese ab. 9. Er vergisst deinen Geburtstag nicht. 10. Er fährt mit dem Auto zurück.

C6 1. Wir haben protestiert. 2. Sie haben/hat Knoblauch gegessen. 3. Clara ist in München angekommen. 4. Ihr habt einen Film gesehen. 5. Ich habe Musik gehört. 6. Er hat den Termin vergessen. 7. Die Gäste haben ein Taxi genommen. 8. Ich habe Kaffee gekocht. 9. Ihr habt geschlafen.

C7 1. Herr Wagner hat ein interessantes Buch gelesen. 2. Stefano und Raffaella haben ihre Freunde besucht. 3. Wir sind ins Theater gegangen. 4. Ich habe um acht Uhr gefrühstückt. 5. Du hast gestern lange gearbeitet. 6. Ihre Schwester hat kein Brot gekauft. 7. Familie Klein ist nach Chile geflogen. 8. Unser Sohn hat am Nachmittag Mathematik gelernt. 9. Meine Kollegin hat das Problem gelöst. 10. Einige Touristen sind im Hotel geblieben. 11. Wir sind am Wochenende spät aufgestanden.

C8 Ich habe nicht so viele Leute eingeladen, und fast alle sind gekommen, nur Karin hat abgesagt, denn sie ist zu ihrer Oma gefahren. Wir haben einen großen Topf leckere italienische Nudeln gekocht und dann alles gegessen. Laura hat uns tolle Fotos gezeigt, wir haben getanzt und Musik gehört. Ach ja, wir haben auch verschiedene Spiele gespielt und viel gelacht.

C10 1. sich, mich, uns 2. mich, sich, sich 3. mich, sich, dich 4. uns, sich, euch 5. sich, uns, euch 6. mich, sich, dich

C11 1. sich 2. sich 3. mich 4. dich 5. sich 6. sich 7. sich 8. sich 9. uns 10. sich 11. euch 12. sich 13. mich

C12 Personen auf -in sind feminin. Nomen auf -ung sind feminin. Nomen auf -e sind oft feminin. Fremdwörter auf -tät, -ion, -ie, -ik sind feminin. Viele internationale Wörter sind neutral. Nomen aus dem Infinitiv des Verbs sind neutral. Nomen auf -um sind neutral.

C13 **maskulin:** der Minister, der Fernseher
feminin: die Geschichte, die Bluse, die Freundin, die Familie, die Besprechung, die Sonnenbrille, die Zeitung, die Straße
neutral: das Schreiben, das Radio, das Handy, das Leben, das Café

C14 die Einladung, die Information, die Ausbildung, der Schüler, die Frage, das Gymnasium, das Auto, das Lesen, der Computer, die Lehrerin

C15 1. der Taxifahrer/die Taxifahrerin 2. die Note/die Zensur 3. die Kellnerin 4. die Universität 5. die Musik 6. die Sprache 7. die Schule

C16 1. Das Lieblingshobby des Direktors ist Surfen. 2. Die Farbe der Wand gefällt mir gut. 3. Ist das die Tasche deiner Mutter? 4. Kennst du schon den neuen Mann der Außenministerin? 5. Die Familie deines Mannes ist ziemlich groß. 6. Die Einladung deiner Firma zum Essen nehmen wir an! 7. Die Installation des Druckers dauert sehr lange. 8. Wie lange dauert die Ausbildung deines Sohnes noch? 9. Wann ist der Abschluss deines Studiums?

2 Hobbys und Freizeit

A1 1. Auto fahren/einen Ausflug machen 2. ein Buch lesen 3. fotografieren 4. mit Freunden oder Familienmitgliedern telefonieren/reden 5. ausgehen/in die Kneipe gehen 6. wandern 7. eine Sprache lernen 8. Fußball spielen 9. in sozialen Netzwerken kommunizieren 10. Musik hören 11. kochen 12. Partys feiern 13. Computerspiele spielen/im Internet surfen 14. im Garten arbeiten 15. Hausarbeiten machen 16. einkaufen/shoppen gehen 17. fernsehen 18. Sport treiben/Gymnastik machen 19. ins Theater/ins Kino gehen 20. im Restaurant essen

A2 1. gehen 2. besuchen (machen) 3. hören 4. treiben (machen) 5. arbeiten 6. fahren 7. spielen 8. trinken 9. spielen 10. kommunizieren 11. surfen 12. machen 13. kochen 14. fotografieren 15. feiern (machen) 16. sehen 17. telefonieren

A5 1. Trend 2. Spitzenplatz 3. Zeitungen 4. Internet 5. Nutzung 6. Geräte 7. Kontakte 8. Freunde 9. Gäste 10. Sport

A9 **a) können:** ich kann, du kannst, er/sie/es kann, wir können, ihr könnt, sie/Sie können
müssen: ich muss, du musst, er/sie/es muss, wir müssen, ihr müsst, sie/Sie müssen
sollen: ich soll, du sollst, er/sie/es soll, wir sollen, ihr sollt, sie/Sie sollen
wollen: ich will, du willst, er/sie/es will, wir wollen, ihr wollt, sie/Sie wollen
dürfen: ich darf, du darfst, er/sie/es darf, wir dürfen, ihr dürft, sie/Sie dürfen
mögen: ich mag, du magst, er/sie/es mag, wir mögen, ihr mögt, sie/Sie mögen
möchte(n): ich möchte, du möchtest, er/sie/es möchte, wir möchten, ihr möchtet, sie/Sie möchten
b) 1. Notwendigkeit 2. Erlaubnis 3. Absicht 4. Wunsch 5. Vorliebe 6. Auftrag

A10 a) 1. kann 2. kann 3. Magst 4. mag 5. muss 6. musst 7. will 8. muss 9. mag 10. möchte

A13 **Zeile 7:** hatten – haben; überlebten – überleben **Zeile 8:** unterrichtete – unterrichten **Zeile 10:** spielte – spielen **Zeile 11:** reiste – reisen **Zeile 12:** gab – geben **Zeile 13:** komponierte – komponieren; **Zeile 14:** schrieb – schreiben; konnte – können **Zeile 19:** musste – müssen **Zeile 20:** gewannen – gewinnen **Zeile 25:** zog um – umziehen; begann – beginnen **Zeile 28:** heiratete – heiraten **Zeile 29:** lud ein – einladen **Zeile 30:** bekamen – bekommen **Zeile 31:** verdiente – verdienen **Zeile 32:** trank – trinken **Zeile 33:** verspielte – verspielen **Zeile 36:** verlor – verlieren **Zeile 41:** starb – sterben

A14 1. richtig 2. falsch 3. richtig 4. richtig 5. falsch 6. falsch

A15 1. Wolfgang Amadeus Mozart wurde 1756 in Salzburg geboren. *(Satz 2)* 2. Seine Eltern hatten insgesamt sieben Kinder, nur zwei Kinder überlebten. *(Satz 7)* 3. Wolfgang war sehr begabt, er war bald ein Kinderstar. *(Satz 1)* 4. Mit zwölf schrieb er seine erste Oper. *(Satz 3)* 5. 1770 konnte er in Mailand sein Operndebüt feiern. *(Satz 6)* 6. Von 1772 bis 1777 lebte Mozart in Salzburg. *(Satz 8)* 7. 1781 zog Mozart nach Wien um. *(Satz 10)* 8. Seine Oper „Die Entführung aus dem Serail" war 1781 ein Bombenerfolg! *(Satz 4)* 9. 1782 heiratete Mozart Constanze Weber. *(Satz 5)* 10. In Wien verdiente Mozart mit seinen Opern viel Geld. *(Satz 13)* 11. Zwischen 1787 und 1791 verlor das Publikum in Wien das Interesse an Mozarts Musik. *(Satz 9)* 12. Seine letzte Oper war „Die Zauberflöte". *(Satz 11)* 13. Am 5. Dezember 1791 ist Wolfgang Amadeus Mozart in Wien gestorben. *(Satz 12)*

A16 **regelmäßige Verben:** er lebte, sie hatten, zwei Kinder überlebten, Leopold unterrichtete, er spielte, er reiste, er komponierte, er heiratete, er verdiente, er verspielte
unregelmäßige Verben: er war, er gab, er schrieb, er konnte, er musste, die Opern gewannen, er zog um, er begann, er lud ein, sie bekamen, er trank, das Publikum verlor, er starb

A17 1. Vater Leopold unterrichtete Mozart früh in Musik. 2. Er spielte schon als Kind vor Kaiserin Maria Theresia Klavier. 3. Wolfgang reiste mit seiner Familie nach Amsterdam, Brüssel und Paris. 4. Dort gab er mit großem Erfolg Konzerte. 5. Mit zwölf schrieb er seine erste Oper. 6. Von 1772 bis 1777 lebte Mozart in Salzburg. 7. Nach dem Tod seiner Mutter zog Mozart 1781 nach Wien um. 8. In Wien begann er seine Karriere als freier Künstler. 9. 1782 heiratete er Constanze Weber. 10. Wolfgang und Constanze bekamen sechs Kinder, nur zwei Kinder überlebten. 11. Mozart verdiente mit seinen Opern viel Geld. 12. Doch er trank viel und er verspielte sein Geld. 13. Zwischen 1787 und 1791 verlor das Publikum in Wien das Interesse an Mozarts Musik. 14. Am 5. Dezember 1791 starb Wolfgang Amadeus Mozart in Wien.

A19 1. 5 (linker Film) 2. 3 3. 2 4. 5 (rechter Film) 5. 4 6. 9 7. 6

A21 a) 1. a 2. b 3. b 4. b

Hörtext:
1. Hallo Klaus, hier ist Oskar. Ich kann heute Abend nicht mit dir ins Konzert gehen. Ich habe Fieber und liege im Bett. Tut mir leid. Vielleicht kannst du deine Schwester mitnehmen? Susanne interessiert sich doch für Musik. Ich rufe später wieder an. Tschüss und viel Spaß heute Abend.

2. Hi Jan, hier ist Kathrin. Morgen hat der neue James-Bond-Film im Palast-Kino Premiere. Wollen wir uns den Film zusammen ansehen? Bitte rufe mich so schnell wie möglich an. Ich muss die Kinokarten heute noch kaufen. Morgen gibt es wahrscheinlich keine Karten mehr. Bis bald.

3. Hallo Martin. Ich bin's, Gudrun. Hast du schon gehört, Rammstein kommt nach München. Die Band gibt am 24. und 25. April in der Olympiahalle ein Konzert. Ich will heute im Internet Karten bestellen. Soll ich für dich auch eine Karte bestellen? Ruf mich an. Tschüss.

4. Hier ist Klaus Behrens. Frau Köhler, Ihre Karten für die Theatervorstellung heute Abend liegen an der Abendkasse. Bitte holen Sie die Karten eine Stunde vor Beginn der Vorstellung ab, also bis 19.00 Uhr. Nach 19.00 Uhr geben wir alle Karten in den normalen Verkauf. Danke und auf Wiederhören.

b) 1. gehen 2. mitnehmen, interessiert 3. ansehen 4. bestellen 5. liegen 6. holen ab

A24 1. keinen 2. nicht 3. nicht 4. keine 5. nicht 6. keinen

A27 1. b 2. c 3. a 4. e 5. d

A28 1. falsch 2. richtig 3. richtig 4. falsch 5. richtig

A30 a) Maler b) 1. Dokumentarfilm 2. Klassiker 3. selten 4. Ausland 5. wenig 6. läuft

A31 mich – uns – mich – mich – mich – sich – mich – mich – mich

B2 1. b 2. b 3. b 4. c

B3 b) **Straftat 1:** der Banküberfall; **Straftat 2:** der Diebstahl, der Dieb/die Diebin, etwas stehlen; **Straftat 3:** der Einbruch, einbrechen; **Polizei:** das Verhör, einen Täter festnehmen/verhaften, einen Täter verhören
c) 1. der, die Polizei 2. der, die Serie 3. das, die Aufklärung 4. der, die Straftat

B4 1. gab 2. war, erschien 3. fanden 4. führte weiter 5. erfand, schenkte 6. suchte 7. gab 8. spielten, begann

B5 1. dumme 2. langweilige 3. letzte 4. ungelöste 5. unwichtige 6. unbeliebter 7. schwere 8. feige

B6 Am Freitag, dem 13.3. um 13.24 Uhr überfiel ein unbekannter Mann die Bank in der Goldschmiedstraße. Der Täter trug eine

Maske. Nur eine Mitarbeiterin war in der Bank, der zweite Mitarbeiter war nicht da. Der Täter bedrohte die Mitarbeiterin mit einer Pistole. Der Bankräuber forderte das ganze Geld. Die Bankmitarbeiterin legte 500 000 Euro in einen Koffer. Der Täter floh mit dem Taxi. Die Polizei suchte mit Hunden nach dem Täter. Der Film auf der Videokamera lieferte keine weiteren Informationen. Der zweite Bankmitarbeiter verschwand bis heute spurlos aus Deutschland. Die Polizei konnte den Täter nicht verhaften.

C1 1. Kannst 2. wollt 3. Mag 4. darf 5. muss 6. Soll 7. Möchtest 8. kann 9. Darf 10. will 11. sollst 12. wollen 13. mag 14. Dürfen

C2 1. Ja, ich mag klassische Musik. 2. Ja, ich kann gut Fußball spielen. 3. Ja, Fußballspieler müssen oft trainieren. 4. Ja, wir dürfen in unserer Wohnung nachts Schlagzeug spielen. 5. Ja, ich möchte/wir möchten ein Doppelzimmer mit Seeblick. 6. Ja, ich will/wir wollen diesen Sommer wieder eine Reise machen. 7. Ja, ich soll viel Sport treiben.

C3 1. kann, muss 2. soll, mag/möchte/will 3. Willst/Möchtest, mag 4. mag, will/möchte 5. Musst/Willst, kannst/willst/möchtest, soll 6. Darf, müssen 7. darfst 8. kann 9. müssen

C4 1. durfte, durfte, durften 2. musste, musstet, mussten 3. konntest, konnte, konnten 4. warst, wart, waren *(Pl.)*/war *(Sg.)* 5. hatten, hatte, hatten 6. wollte, wollte, wollte

C5 1. mussten 2. hatte 3. durfte 4. wollte 5. konnte 6. musste, durfte 7. war 8. mochte 9. sollten, durften 10. wurde

C6 1. Ich konnte nicht Klavier üben, ich hatte Kopfschmerzen. 2. Paul durfte kein Eis mehr essen. 3. Ihr solltet pünktlich zum Essen kommen. 4. Wir wollten nach Italien fahren. 5. Ich musste zum Arzt gehen. 6. Ich sollte weniger essen. 7. Sie mochte deutsche Volksmusik. 8. Ich durfte in dieser Straße nicht parken. 9. Franz konnte sehr gut Fußball spielen.

C7 1. ich antwortete, ich habe geantwortet 2. ich arbeitete, ich habe gearbeitet 3. wir hörten auf, wir haben aufgehört 4. ihr drucktet aus, ihr habt ausgedruckt 5. sie beendeten, sie haben beendet 6. ihr bezahltet, ihr habt bezahlt 7. du duschtest, du hast geduscht 8. ich fragte, ich habe gefragt 9. er heiratete, er hat geheiratet 10. ihr hörtet, ihr habt gehört 11. du kauftest ein, du hast eingekauft 12. du kochtest, du hast gekocht 13. wir lachten, wir haben gelacht 14. sie lernten, sie haben gelernt 15. sie liebte, sie hat geliebt 16. ich reparierte, ich habe repariert 17. ich reiste, ich bin gereist

C8 1. a) Peter spielte früher regelmäßig Tennis. b) Peter hat früher regelmäßig Tennis gespielt. 2. a) Anja studierte in Heidelberg Germanistik. b) Anja hat in Heidelberg Germanistik studiert. 3. a) Wir hörten im Auto oft Radio./Wir hörten oft Radio im Auto. b) Wir haben im Auto oft Radio gehört. 4. a) Agnieszka machte immer ihre Hausaufgaben. b) Agnieszka hat immer ihre Hausaufgaben gemacht. 5. a) Sie lernte fleißig Vokabeln. b) Sie hat fleißig Vokabeln gelernt. 6. a) Johann kaufte sich ein neues Schlagzeug. b) Johann hat sich ein neues Schlagzeug gekauft. 7. a) Mozart suchte sein Glück in Wien. b) Mozart hat sein Glück in Wien gesucht. 8. a) Man reiste früher mit einer Kutsche. b) Man ist früher mit einer Kutsche gereist. 9. a) Der Künstler lebte in Paris. b) Der Künstler hat in Paris gelebt. 10. a) Sie bezahlte die Rechnung sofort. b) Sie hat die Rechnung sofort bezahlt. 11. a) Die Sekretärin druckte die E-Mail nicht aus. b) Die Sekretärin hat die E-Mail nicht ausgedruckt.

C9 1. begann 2. trafen 3. zog an 4. gewann 5. verlor 6. schrieb 7. kam an 8. trank 9. empfahl 10. bekam 11. gab 12. nahm mit 13. lud ein 14. zog um 15. rief an

C10 **abfahren:** er fährt ab, er fuhr ab, er ist abgefahren **anfangen:** er fängt an, er fing an, er hat angefangen **anrufen:** er ruft an, er rief an, er hat angerufen **ankommen:** er kommt an, er kam an, er ist angekommen **einladen:** er lädt ein, er lud ein, er hat

eingeladen **essen:** er isst, er aß, er hat gegessen **empfehlen:** er empfiehlt, er empfahl, er hat empfohlen **geben:** er gibt, er gab, er hat gegeben **gehen:** er geht, er ging, er ist gegangen **gewinnen:** er gewinnt, er gewann, er hat gewonnen **kommen:** er kommt, er kam, er ist gekommen **laufen:** er läuft, er lief, er ist gelaufen **nehmen:** er nimmt, er nahm, er hat genommen **schreiben:** er schreibt, er schrieb, er hat geschrieben **trinken:** er trinkt, er trank, er hat getrunken **sich umziehen:** er zieht sich um, er zog sich um, er hat sich umgezogen **sich unterhalten:** er unterhält sich, er unterhielt sich, er hat sich unterhalten **verlieren:** er verliert, er verlor, er hat verloren

C11 Liebe Martina,
ich bin jetzt in Leipzig, aber die Reise war ein kleines Abenteuer. Zuerst bin ich mit dem Taxi zum Flughafen gefahren. Das Flugzeug hatte drei Stunden Verspätung. In Leipzig stand kein Taxi vor dem Flughafen. Ich habe wieder eine Stunde gewartet. Dann kam endlich ein Taxi. Die erste Nacht im Hotel habe ich gut geschlafen. Heute früh habe ich die Thomaskirche und das Alte Rathaus besichtigt. Zum Mittagessen gab es im Hotel leckere Spaghetti.

C12 Kurt Masur wurde 1927 in Brieg geboren. Sein Vater war Ingenieur. Ab 1945 besuchte er das Konservatorium in Leipzig und studierte Klavier, Komposition und Dirigieren. Ab 1953 dirigierte er an der Leipziger Oper. Von 1960 bis 1964 arbeitete er als erster Kapellmeister an der Komischen Oper in Berlin, danach ging er nach Dresden. Von 1970 bis 1996 leitete Kurt Masur das Gewandhaus in Leipzig und führte mit seiner Arbeit das Orchester zu Weltruhm. Berühmt machten ihn seine Interpretationen der Sinfonien von Beethoven, Bruckner und Schumann. In den 1970er-Jahren spielte Kurt Masur auch in der Carnegie Hall und im Amsterdamer Concertgebouw. Ab 1981 gab er Konzerte als Gastdirigent bei den New Yorker Philharmonikern. 1991 bekam er dort die Stelle des Chefdirigenten und wurde der Nachfolger von Leonard Bernstein. Im Jahre 2001 übernahm er die Leitung des französischen Nationalorchesters. Am 19.12.2015 starb Kurt Masur im Alter von 88 Jahren in den USA.

C13 traf – fand – fand – unterhielten – war – hatte – liebte – konnte – hatte – musste – kämpfte – hieß – war – wollte – verliebte – schenkte – wollte – gingen – versuchte – lief – gab – heirateten

C14 1. keine 2. nicht 3. nicht 4. nicht, nicht 5. nicht 6. keine 7. nicht 8. keinen 9. nicht, keinen 10. kein, nicht

C15 1. Ich fahre nicht mit dem Auto. 2. Peter kommt heute nicht. 3. Ich kann mich nicht an meine Schulzeit erinnern./Ich kann mich an meine Schulzeit nicht erinnern. 4. Ich möchte nicht in diesen Film gehen. 5. Ich fahre nicht am Montag nach Spanien./Ich fahre am Montag nicht nach Spanien. 6. Ich kann nicht Golf spielen. 7. Ich habe nicht ihn angerufen. (sondern jemand anderen)/Ich habe ihn nicht angerufen. 8. Das weiß ich nicht. 9. Ich habe das Buch nicht gelesen. 10. Ich verstehe dich nicht. 11. Ich kann dir nicht helfen.

C16 1. nie 2. nichts 3. niemanden 4. niemand 5. nie 6. niemanden 7. nichts 8. niemand

C17 1. Nein, wir können den Fernseher nicht leiser stellen. 2. Nein, schalte bitte nicht um. 3. Nein, ich gebe dir die Fernbedienung nicht. 4. Nein, ich habe dein Smartphone nicht gesehen.

C18 1. Doch, ich habe einen Fernseher./Nein, ich habe keinen Fernseher. 2. Doch, ich rauche noch./Nein, ich rauche nicht mehr. 3. Doch, ich habe für die Prüfung gelernt./Nein, ich habe für die Prüfung nicht gelernt. 4. Doch, wir fahren dieses Jahr in den Urlaub./Nein, wir fahren dieses Jahr nicht in den Urlaub. 5. Doch, ich trinke (gerne) Orangensaft./Nein, ich trinke keinen Orangensaft. 6. Doch, ich habe den Text gelesen./Nein, ich habe den Text nicht gelesen. 7. Doch, ich habe

Hausaufgaben gemacht./Nein, ich habe keine Hausaufgaben gemacht. **8.** Doch, das Essen schmeckt mir (gut)./Nein, das Essen schmeckt mir nicht.

3 Geld und Konsum

A2 **1.** Wohnen und Energie **2.** Nahrungs- und Genussmittel **3.** Verkehr **4.** Freizeit und Kultur **5.** Übernachtung und Gaststätten **6.** Möbel und Haushaltsgeräte **7.** Kleidung und Schuhe

A4 (Beispielsätze) Ich kaufe Fleisch beim Fleischer, weil die Ware dort frischer ist. Ich kaufe Gemüse im Bio-Laden, weil ich auf die Umwelt achte. Ich kaufe Wein im Delikatessengeschäft, weil der Verkäufer so nett ist. Ich kaufe Kosmetik im Fachgeschäft, weil die Auswahl groß ist. Ich kaufe Kleidung im Designergeschäft, weil die Kleidung dort besser ist. Ich kaufe Schuhe im Schuhgeschäft, weil man sie dort anprobieren kann. Ich kaufe Medikamente in der Apotheke, weil ich gute Beratung bekomme. Ich kaufe Bücher im Internet, weil ich dort Tag und Nacht einkaufen kann. Ich kaufe Flugtickets im Internet, weil ich die Preise besser vergleichen kann. Ich kaufe einen Fernseher im Fachgeschäft, weil der Service besser ist.

A5 (Beispielsätze) Ich kaufe Gemüse, wenn ich abnehmen will. Ich kaufe Wein, wenn ich eine Party gebe. Ich kaufe Kleidung, wenn ich verliebt bin. Ich kaufe Schuhe, wenn ich jemandem gefallen will. Ich kaufe Medikamente, wenn ich krank bin. Ich kaufe Bücher, wenn ich eine Prüfung habe. Ich kaufe Schokolade, wenn ich unglücklich bin. Ich kaufe einen neuen Fernseher, wenn mein alter Fernseher kaputt ist. Ich kaufe einen Fotoapparat, wenn ich in den Urlaub fahre. Ich kaufe Blumen, wenn jemand Geburtstag hat.

A6 **2.** b, e (j/h auch möglich) **3.** d, f **4.** h, i **5.** g, j

A9 **2.** a **3.** e **4.** b **5.** g **6.** d **7.** f

A11 **1.** Das (Restaurant) „Milano". **2.** Eine (Aktentasche) aus Leder. **3.** Einen LCD-Fernseher. **4.** Das/Dieses (T-Shirt) mit Donald Duck. **5.** Einen Abenteuerroman. **6.** Das/Dieses schwarze (Kleid).

A12 **1.** in der dritten Etage **2.** im Erdgeschoss **3.** im Erdgeschoss **4.** in der zweiten Etage **5.** im Erdgeschoss

A13 **Kosmetik:** das Parfüm, die Augencreme, der Lippenstift **Reisen:** das Flugticket, das Hotelzimmer, die Zugfahrkarte **Bücher:** der Kriminalroman, das Wörterbuch **Schmuck:** die Ohrringe, die Halskette **Kleidung:** das T-Shirt, die Hose, der Pullover **Unterhaltungselektronik:** die Lautsprecher, das Internetradio

A14 **a)** **1.** c **2.** b **3.** a
Hörtext 1:
A: Du, Leonie, Katja hat morgen Geburtstag, sie wird 30. Weißt du das?
B: Nein, keine Ahnung.
A: Ich sammle von allen ein bisschen Geld ein. Wir wollen ihr eine Tasche schenken.
B: Eine Tasche? Ist das nicht ein bisschen teuer?
A: Nein, ich habe im Kaufhaus schon eine gesehen und die kostet 30 Euro.
B: Und was ist, wenn ihr die Tasche nicht gefällt? Vielleicht schenken wir ihr lieber einen Krimi. Ich glaube, Katja liest sehr gern Krimis.
A: Es gibt so viele Krimis. Dann kaufen wir den falschen Krimi. Wir können ihr vielleicht eine Kaffeemaschine für ihr Büro schenken. Sie trinkt doch sehr gern Kaffee.
B: Ach, ich weiß es nicht. … Aber vielleicht ist die Kaffeemaschine keine schlechte Idee. Dann kann ich immer in ihr Büro gehen und bei ihr einen Kaffee trinken. Hier hast du 5 Euro.
A: Gut, dann machen wir das.

Hörtext 2:
A: Christine, was schenkst du deinem Mann zu Weihnachten?
B: Das ist eine gute Frage, Henry. Im letzten Jahr habe ich ihm ein paar Socken geschenkt. Socken kann man immer gebrauchen.
A: Hat er sich darüber gefreut?
B: Ich glaube, nicht wirklich. Was schenkst du deiner Frau zu Weihnachten?
A: Ich schenke ihr neue Stiefel. Im Internet habe ich tolle Stiefel gefunden, die waren um 30 Euro reduziert.
B: Also Stiefel kann ich meinem Mann nicht schenken. Die muss er anprobieren. Vielleicht finde ich irgendwo einen warmen Schlafanzug. Ich kann aber auch mal im Internet nach Pullovern suchen. Ein warmer Pullover ist sicher ein schönes Geschenk, weil wir im Januar in den Winterurlaub fahren.
A: Ja, mach das. Ich sende dir gleich den Link von einem guten Online-Händler.
B: Danke, das ist nett.

Hörtext 3:
A: Also, eine Lampe, einen Stuhl und einen Schreibtisch. Das macht zusammen 400 Euro. Brauchen Sie eine Rechnung?
B: Ja. Kann ich den Stuhl umtauschen, wenn ich nach kurzer Zeit Rückenschmerzen bekomme?
A: Der Stuhl ist im Angebot. Er ist 50 Euro preiswerter als normal. Reduzierte Möbel können wir leider nicht umtauschen. Bei dem Schreibtisch und der Lampe ist der Umtausch kein Problem.
B: Danke.

b) **1.** deinem **2.** ihm **3.** gebrauchen **4.** gefreut **5.** deiner **6.** ihr **7.** reduziert **8.** meinem **9.** anprobieren **10.** weil **11.** dir

A20 **1.** a **2.** c **3.** c **4.** b

A21 **b)** **2.** i **3.** f **4.** g **5.** c **6.** b **7.** a **8.** e **9.** d
c) **1.** d **2.** a **3.** e **4.** b **5.** c

A23 **1.** Führen Sie Ihre Karte ein. **2.** Geben Sie Ihre Geheimzahl ein und drücken Sie die Taste „Bestätigung". **3.** Möchten Sie Geld abheben? **4.** Wählen Sie den gewünschten Betrag./Geben Sie den Betrag ein. **5.** Bitte warten. **6.** Entnehmen Sie Ihre Karte.

A24 **1.** Titel **2.** Name **3.** Geburtsname **4.** Geburtsdatum **5.** Geburtsort **6.** Familienstand **7.** Staatsangehörigkeit **8.** E-Mail **9.** PLZ, Ort **10.** Land **11.** Wohnstatus **12.** Tätigkeit **13.** Nettoeinkommen **14.** Ausgaben

A26 **1.** c **2.** a **3.** c **4.** c **5.** c **6.** a

A27 **1.** einen Kredit **2.** ein Auto kaufen **3.** hohe Ausgaben **4.** 40 000 Euro **5.** vielleicht
Hörtext:
Bankangestellter: Guten Tag, was kann ich für Sie tun?
Juan: Guten Tag. Ich möchte mir gern ein neues Auto kaufen. Dazu brauche ich einen Kredit.
Bankangestellter: Haben Sie ein Konto bei unserer Bank?
Juan: Ja.
Bankangestellter: Wie ist Ihre Kontonummer?
Juan: Hier ist meine Karte.
Bankangestellter: Ah, ein Girokonto. Wo arbeiten Sie, wenn ich fragen darf?
Juan: Bei ALAC. Meine Firma überweist mein Gehalt jeden Monat auf mein Konto.
Bankangestellter: Ah, ja … ich sehe es. Sie haben aber auch hohe Ausgaben im Monat …
Juan: Natürlich, ich muss ja Miete bezahlen und Energie und etwas zu Essen für meine Familie kaufen …
Bankangestellter: Wie teuer ist denn das Auto?
Juan: Ich brauche einen Kredit von 40 000 Euro.

Bankangestellter:	40 000 Euro! Das ist viel Geld! Das sind auch sehr hohe Ausgaben für Sie … Sie müssen ja den Kredit abbezahlen und jeden Monat Zinsen für den Kredit bezahlen …
Juan:	Bekomme ich den Kredit oder nicht?
Bankangestellter:	Also, die Frage kann ich jetzt nicht beantworten. Sie müssen zuerst mal dieses Formular hier ausfüllen …

A28 1. eröffnen 2. einzahlen 3. überweist 4. abheben 5. wechseln 6. einen Kredit 7. Zinsen 8. ausgeben 9. spenden 10. sperren

A31 die Lottomillionäre, die Kugeln *(Pl.)*, die Trommel, „6 aus 49", die Spielrunde, die Lottoscheine *(Pl.)*, der Gewinn, die richtigen Zahlen *(Pl.)*, die Gewinnsumme

A33 c) 1. würden gern wegfahren 2. hätten gern einen (Hund) 3. hätte gern mehr/viel Zeit 4. würde gern ins Konzert gehen 5. würde mir den Diamantring gern kaufen.

A36 1. richtig 2. falsch 3. falsch 4. falsch 5. richtig

A37 1. unbekannter 2. gesamten, soziale 3. vergleichbarer 4. wenige 5. kaufmännischer 6. schönes 7. vertrauten

A38 1. hat gewonnen 2. hat gelesen 3. hat gemeldet 4. hat gespendet 5. habe erlebt

B1 1. c 2. a 3. c 4. c 5. c 6. a 7. a

B3 a) 1. falsch 2. richtig 3. richtig 4. falsch 5. falsch 6. richtig 7. falsch 8. falsch
b) 1. für 2. bis 3. In 4. In 5. von 6. aus

B5 1. greifen 2. stehen 3. führt an 4. folgen 5. belegt 6. finden 7. ermittelt 8. teilt 9. bewertet 10. gehören

C1 1. a) Sie kommt zu spät zum Unterricht, denn sie hat den Bus verpasst. b) Sie kommt zu spät zum Unterricht, weil sie den Bus verpasst hat. c) Weil sie den Bus verpasst hat, kommt sie zu spät zum Unterricht. 2. a) Sie kann nichts sehen, denn sie hat ihre Brille verloren. b) Sie kann nichts sehen, weil sie ihre Brille verloren hat. c) Weil sie ihre Brille verloren hat, kann sie nichts sehen. 3. a) Sie kann nicht Tennis spielen, denn sie hat Schmerzen im Arm. b) Sie kann nicht Tennis spielen, weil sie Schmerzen im Arm hat. c) Weil sie Schmerzen im Arm hat, kann sie nicht Tennis spielen. 4. a) Sie kann im Supermarkt nichts einkaufen, denn sie hat ihr Geld vergessen. b) Sie kann im Supermarkt nichts einkaufen, weil sie ihr Geld vergessen hat. c) Weil sie ihr Geld vergessen hat, kann sie im Supermarkt nichts einkaufen. 5. a) Sie geht nicht aus, denn sie ist müde. b) Sie geht nicht aus, weil sie müde ist. c) Weil sie müde ist, geht sie nicht aus.

C2 (Beispielsätze) 1. weil der/sein Zug Verspätung hat 2. weil sie im Stau steht 3. weil er den Termin vergessen hat 4. weil sie beim Zahnarzt war/ist 5. weil das/ihr Auto kaputt ist

C3 1. a) Wenn Max einen Kredit aufnehmen will, muss er Zinsen bezahlen. b) Max muss Zinsen bezahlen, wenn er einen Kredit aufnehmen will. 2. a) Wenn wir sparen wollen, dürfen wir kein Geld ausgeben. b) Wir dürfen kein Geld ausgeben, wenn wir sparen wollen. 3. a) Wenn du Kopfschmerzen hast, musst du zwei Aspirin-Tabletten nehmen. b) Du musst zwei Aspirin-Tabletten nehmen, wenn du Kopfschmerzen hast. 4. a) Wenn du deinen Führerschein zu Hause vergessen hast, darfst du nicht mit meinem Auto fahren. b) Du darfst nicht mit meinem Auto fahren, wenn du deinen Führerschein zu Hause vergessen hast. 5. a) Wenn ihr Karin vom Bahnhof abholen wollt, müsst ihr euch beeilen. b) Ihr müsst euch beeilen, wenn ihr Karin vom Bahnhof abholen wollt. 6. a) Wenn wir am Sonntag in diesem Zwei-Sterne-Restaurant essen wollen, müssen wir heute einen Tisch reservieren. b) Wir müssen heute einen Tisch reservieren, wenn wir am Sonntag in diesem Zwei-Sterne-Restaurant essen wollen.

C4 1. weil ich abnehmen will 2. weil er nicht einschlafen kann 3. wenn sie Auto fährt 4. weil er bei der Polizei arbeitet 5. wenn er ein Konzert gibt

C5 1. Hast du das Buch gelesen? 2. Habt ihr den Schlüssel gefunden? 3. Wir haben das Pergamonmuseum besucht. 4. Hast du den Waschmaschinenmonteur angerufen? 5. Frau Klein hat den Brief übersetzt. 6. Die Chefin hat die Rechnung bezahlt. 7. Wir haben die Sendung gehört. 8. Hast du den Film gesehen?

C6 2. f 3. a 4. b 5. c, d 6. k, g 7. h, k 8. j, c, d 9. e, f, g 10. i 11. g 12. m 13. l

C7 1. dich 2. dir 3. dich 4. dir 5. dich 6. dich 7. dich 8. dir 9. dir 10. dir

C8 1. Ja, ich habe ihn in München besucht. 2. Ja, ich habe ihnen eine Postkarte geschrieben. 3. Ja, ich habe ihr bei den Hausaufgaben geholfen. 4. Ja, ich habe ihn schon angerufen. 5. Ja, ich habe ihnen schon mein Zeugnis gezeigt. 6. Ja, das Essen/es hat ihnen geschmeckt. 7. Ja, das Geschenk hat ihm gefallen. 8. Ja, wir haben ihr die Tabletten gegeben. 9. Ja, ich habe ihr eine CD mitgebracht. 10. Ja, ich habe ihr ein neues Parfüm gekauft.

C9 (Beispielsätze)
Einkaufen: Wie viel Geld hast du im Schuhgeschäft ausgegeben? Wie viele Äpfel hast du gekauft? Wo hast du das schöne Kleid gekauft? Wo kann man hier billig einkaufen? Mit wem gehst du am Wochenende einkaufen? Wann kaufst du ein? Wann hast du diesen Pullover gekauft? Wie oft kaufst du im Supermarkt ein?
Freizeit: Was machen Sie in Ihrer Freizeit? Wo spielen Sie Tennis? Wo wandern Sie? Wann treiben Sie Sport? Warum spielen Sie Fußball? Mit wem spielen Sie Golf? Wie oft gehen Sie ins Kino?

C10 Es wäre gut, …
1. wenn du weniger Geld für Schokolade ausgeben würdest 2. wenn du nicht mehr rauchen würdest 3. wenn du immer deine Hausaufgaben machen würdest 4. wenn du nicht so lange schlafen würdest 5. wenn du einen Regenschirm mitnehmen würdest 6. wenn du regelmäßig Sport treiben würdest 7. wenn du mehr Gemüse essen würdest 8. wenn du dein Geld sparen würdest

C11 1. Wenn ich Zeit hätte, würde ich heute Abend mit in die Oper kommen/gehen. 2. Wenn ich Zeit hätte, würde ich mit dir in die Kantine essen gehen. 3. Wenn ich Zeit hätte, würde ich immer meine Hausaufgaben machen. 4. Wenn ich Zeit hätte, würde ich Martina im Krankenhaus besuchen. 5. Wenn ich Zeit hätte, würde ich heute die E-Mails beantworten. 6. Wenn ich Geld hätte, würde ich heute Nachmittag einkaufen gehen. 7. Wenn ich Zeit hätte, würde ich dich vom Flughafen abholen. 8. Wenn ich Geld hätte, würde ich dir diesen schönen Ring kaufen.

C12 1. Ach, wenn der Diamantring doch billiger wäre! 2. Ach, wenn unser Haus doch größer wäre! 3. Ach, wenn ich doch mehr Geld verdienen würde! 4. Ach, wenn meine Freundin doch dicker wäre! 5. Ach, wenn der Bus doch pünktlicher kommen würde! 6. Ach, wenn ich doch älter wäre! 7. Ach, wenn mein Auto doch schneller fahren würde!

C13 1. Lotto 2. Essen 3. fahren 4. Wenn 5. ausgeben 6. würde 7. Innenstadt 8. Reise 9. gehen 10. Traum 11. können

C14 1. eins 2. eine 3. welche 4. eine 5. eins 6. welches 7. einen 8. welche 9. einen

C15 1. Schmuck, der Anzug 2. Kleidung, die Sonnencreme 3. Bücher, das Gedicht 4. Haushaltswaren, der Pfeffer

C16 1. die Spende 2. die Einnahme 3. die Überweisung 4. die Eröffnung 5. die Bezahlung 6. die Eingabe

4 Arbeit und Beruf

A4 a) 1. verschiedene Word-Dokumente nicht öffnen, 506
2. Zimmer 2, Dokumente der Firma XP 3. die Rechnung (für den Sprachkurs) ist noch nicht bezahlt, 87 65 34 25 4. heute um 13.00 Uhr, steht im Stau, heute um 15.00 Uhr

Hörtext 1:

Herr Gruber:	Gruber.
Herr Müller:	Müller hier. Herr Gruber, ich habe ein Problem mit meinem Computer.
Herr Gruber:	Was geht an Ihrem Computer nicht, Herr Müller?
Herr Müller:	Ich kann verschiedene Word-Dokumente nicht öffnen.
Herr Gruber:	Gut, ich komme bei Ihnen vorbei. In welchem Zimmer sind Sie?
Herr Müller:	Zimmer 506, 5. Etage.

Hörtext 2:

Claudia:	Grünewald.
Marie:	Claudia, ich bin's, Marie. Wir sitzen hier im Zimmer des Direktors und warten auf dich.
Claudia:	Oh Gott, die Besprechung! Die habe ich vergessen. In welchem Zimmer sitzt ihr?
Marie:	Vorne, beim Direktor. Zimmer 2. Beeil dich! Und bring die Dokumente der Firma XP mit.
Claudia:	Mach ich. Ich komme sofort.

Hörtext 3:

Frau Kupfer:	Kupfer.
Frau Strahl:	Karoline Strahl, Sprachschule „Intercom". Spreche ich mit der Personalverwaltung von KOMA?
Frau Kupfer:	Ja, was kann ich für Sie tun?
Frau Strahl:	Drei Ihrer Mitarbeiter besuchen bei uns einen Sprachkurs. Wir haben Ihnen die Rechnung geschickt, die ist aber bis heute noch nicht bezahlt.
Frau Kupfer:	Können Sie mir bitte die Rechnungsnummer geben?
Frau Strahl:	Die Nummer ist 87 65 34 25.
Frau Kupfer:	Oh ja. Sie haben recht. Wir bezahlen die Rechnung noch diese Woche.
Frau Strahl:	Gut, Frau Kupfer. Herzlichen Dank. Auf Wiederhören.

Hörtext 4:

Herr Krause:	Krause.
Frau Schimmel:	Hallo, Herr Krause. Hier ist Petra Schimmel. Wir haben heute um 13.00 Uhr einen Termin. Ich kann leider nicht pünktlich sein. Ich stehe im Stau.
Herr Krause:	Wo sind Sie denn?
Frau Schimmel:	Am Autobahnkreuz Eckendorf.
Herr Krause:	Ich habe um 15.00 Uhr noch einen Termin frei. Schaffen Sie es bis 15.00 Uhr?
Frau Schimmel:	Ja, sicher.
Herr Krause:	Gut, dann sehen wir uns um 15.00 Uhr.

b) 1. habe, geht, öffnen, komme 2. sitzen, warten, vergessen 3. Spreche, tun, geschickt, bezahlt, geben 4. haben, sein, stehe, sehen

A5 1. die IT-Abteilung/jemanden aus der IT-Abteilung (IT= Informationstechnologie) 2. den Hausmeister 3. die Verwaltung/jemanden aus der Verwaltung 4. die Direktion/ jemanden aus der Direktion 5. das Sekretariat/jemanden aus dem Sekretariat

A6 a) 1. Arbeitnehmer 2. Pause 3. freie 4. beenden 5. kündigen 6. langweilige 7. langjähriger
b) 1. Arbeitszeit, Pause 2. langjähriger 3. Arbeitgeber, Arbeitnehmer 4. langweilige, kündige 5. fest angestellte, freie

A7 1. Guten Tag, *(Name)* hier./Guten Tag. Hier ist *(Vorname/ Nachname)* 2. Ich möchte gerne Herrn/Frau … sprechen./ Kann ich bitte Herrn/Frau … sprechen? 3. Ich möchte gern einen Termin vereinbaren./Ich möchte mal vorbeikommen./ Wann haben Sie Zeit?/Wann passt es Ihnen? 4. Geht es am *(Dienstag, dem fünften März)* um *(11.00 Uhr)?*/Passt es Ihnen am *(Dienstag, dem fünften März)* um *(11.00 Uhr)?* 5. Ja, der *(Dienstag)* um *(11.00 Uhr)* passt mir./Ja, am *(Dienstag)* um *(11.00 Uhr)* geht es/habe ich Zeit./Dann besuche ich Sie am … um … Uhr./Dann komme ich am … um … *(vorbei).* 6. Nein, das tut mir leid. Am *(Dienstag/fünften März)* habe ich leider keine Zeit. 7. Auf Wiederhören.

A9 1. Der Termin ist am Montag, dem fünften Neunten (September) (um) vierzehn Uhr. 2. Der Computerexperte kommt am Donnerstag, dem achtundzwanzigsten Vierten (April) (um) sechzehn Uhr fünfundvierzig. 3. Ich gehe am Montag um dreizehn Uhr dreißig zum Zahnarzt. 4. Mozart ist am siebenundzwanzigsten Ersten (Januar) siebzehnhundertsechsundfünfzig geboren. 5. Wir fliegen am Freitag, dem einundzwanzigsten Sechsten (Juni) (um) vier Uhr dreißig. 6. Goethe ist am achtundzwanzigsten Achten (August) siebzehnhundertneunundvierzig geboren.

A10 a) 1. a 2. c 3. c

A12 1. Könnte ich mal Ihren Computer benutzen? 2. Hätten Sie am Donnerstag Zeit? 3. Könnte ich bitte Frau Müller sprechen? 4. Ich würde gern einen Termin vereinbaren. 5. Könnten Sie mir bei diesem Problem helfen? 6. Könnten Sie mich mit Herrn Kummer verbinden? 7. Hätten Sie eine Kopfschmerztablette dabei? 8. Ich hätte gern ein Glas Mineralwasser. 9. Könnten/ Würden Sie mir bitte das Dokument zeigen? 10. Könntest/ Würdest du mir bitte ein Lachsbrötchen mitbringen? 11. Könnten/Würden Sie das bitte für alle Mitarbeiter kopieren? 12. Könnten/Würden Sie bitte heute noch die Einladungen versenden? 13. Könnten Sie die Tür öffnen? 14. Könntest du mir mal dein Auto leihen?

A13 1. Maxi, könntest du/könnten Sie bitte dieses Dokument kopieren? 2. Manfred, könntest/würdest du bitte etwas lauter sprechen? 3. Frau Müller, könnten/würden Sie mir einen Kugelschreiber leihen/geben? 4. Frau Glück, könnten/würden Sie bitte das Protokoll schreiben? 5. Martin, könntest/würdest du das bitte noch mal wiederholen? 6. Frau Kümmel, würden/ könnten Sie mir mal die Kaffeekanne geben? 7. Könnten wir vielleicht eine Pause machen? 8. Hätten Sie vielleicht nach der Sitzung ein bisschen Zeit für mich?/Könnte ich nach der Sitzung mal mit Ihnen persönlich sprechen?

A14 (Beispielsätze) 1. Könnte ich mal mit Ihrem Handy telefonieren? 2. Könnte ich mal deinen Laptop haben? 3. Ich hätte gern eine Tasse Kaffee. 4. Könnten Sie mir Ihren Kugelschreiber leihen? 5. Könnten wir einen Termin vereinbaren? Wann hätten Sie Zeit? 6. Könnte ich mal den Drucker benutzen? 7. Hättest du vielleicht eine Schmerztablette für mich? 8. Könnten Sie bitte das Fenster öffnen/schließen?

A15 1. Kann ich Ihnen helfen?/Was kann ich für Sie tun? 2. Könnte ich bitte *(Herrn Schröder)* sprechen? 3. Einen Moment bitte. Ich verbinde Sie. 4. Wie war Ihr Name? *(Der Anrufer hat seinen Namen schon genannt.)*/Wie ist Ihr Name? *(Der Anrufer hat seinen Namen noch nicht genannt.)*/Könnten Sie Ihren Namen buchstabieren? 5. Worum geht es? 6. Es geht um einen Termin./Ich würde gerne mit Ihnen einen Termin vereinbaren./ Es geht um unsere neuen Produkte./Ich würde Ihnen gerne unser neues Produkt präsentieren. 7. Hätten Sie nächste Woche Zeit?/Würde es Ihnen am … passen? 8. Am … passt es mir nicht. 9. Ich hätte am … Zeit./Ja, am … würde es mir passen.

A16 1. mit der 2. an der 3. um eine 4. mit dem 5. über die 6. über das 7. um den 8. über deinen 9. über den 10. um die

A17 1. Es geht um die Preise für das neue Jahr. 2. Ich würde gern mit Ihnen einen Termin vereinbaren. 3. Es geht um die neuen Farben. 4. Ich würde Ihnen gern unser neues Produkt vorstellen. 5. Es geht um mein Gehalt. 6. Ich würde gern mit Ihnen über das Projekt 301 sprechen.

A19 3. Heinrich – Anton – Ulrich – Samuel – Martha – Anton – Nordpol – Nordpol 4. Samuel – Theodor – Emil – Ida – Nordpol – Berta – Emil – Ida – Eszett – Emil – Richard 5. Gustav – Otto – Emil – Theodor – Heinrich – Emil 6. Schule – Ida – Ludwig – Ludwig – Emil – Richard 7. Theodor – Ärger – Theodor – Zacharias – Schule – Wilhelm – Ida – Theodor – Zacharias 8. Dora – Übermut – Nordpol – Nordpol – Berta – Ida – Emil – Richard

A23 seit – von – bis – von – bis – Nach – In – vor/bis zu

A25 1. Ich weiß nicht, wann Herr Schramm zurückkommt./Herr Schramm kommt um 15.00 Uhr zurück. 2. Könnten Sie mir sagen, was das Passwort für das Intranet ist? Ich weiß nicht, was das Passwort für das Intranet ist. Das Passwort ist „Karl-Heinz". 3. Könnten Sie mir sagen, wo die Toilette ist? Ich weiß nicht, wo die Toilette ist. Die Toilette ist in der dritten Etage. 4. Könnten Sie mir sagen, wo ich ein Dienstreiseformular finde? Ich weiß nicht, wo Sie ein Dienstreiseformular finden/wo die Dienstreiseformulare sind. Die Dienstreiseformulare sind im Schreibtisch der Sekretärin. 5. Könnten Sie mir sagen, wann die Besprechung ist? Ich weiß nicht, wann die Besprechung ist. Die Besprechung ist von 13.00 bis 16.00 Uhr. 6. Könnten Sie mir sagen, wer an der Besprechung teilnimmt? Ich weiß nicht, wer an der Besprechung teilnimmt. An der Besprechung nehmen der Chef, Frau Kümmel und Herr Krumm teil. 7. Könnten Sie mir sagen, wer das Protokoll geschrieben hat? Ich weiß nicht, wer das Protokoll geschrieben hat. Das Protokoll hat der Chef selbst geschrieben. 8. Könnten Sie mir sagen, wo man hier einen Kaffee trinken kann? Ich weiß nicht, wo man hier einen Kaffee trinken kann. Man kann in der Cafeteria einen Kaffee trinken.

A26 1. Ich weiß nicht, ob es hier ein Faxgerät gibt. Ja, das Faxgerät ist im Zimmer von Frau Groß. 2. Wissen Sie vielleicht, ob Frau Nix schon nach Hause gegangen ist? Ich weiß nicht, ob Frau Nix schon nach Hause gegangen ist. Ja, sie ist um 15.30 Uhr nach Hause gegangen. 3. Wissen Sie vielleicht, ob die Kantine noch geöffnet hat? Ich weiß nicht, ob die Kantine noch geöffnet hat. Die Kantine hat schon geschlossen. 4. Wissen Sie vielleicht, ob er die Unterlagen schon kopiert hat? Ich weiß nicht, ob er die Unterlagen schon kopiert hat. Ja, er hat die Unterlagen schon kopiert. 5. Wissen Sie vielleicht, ob die Besprechung schon angefangen hat? Ich weiß nicht, ob die Besprechung schon angefangen hat. Die Besprechung hat noch nicht angefangen. 6. Wissen Sie vielleicht, ob Peter das Computerproblem schon gelöst hat? Ich weiß nicht, ob Peter das Computerproblem schon gelöst hat. Ja, er hat das Computerproblem schon gelöst. 7. Wissen Sie vielleicht, ob die Firma Saturn die Rechnung schon bezahlt hat? Ich weiß nicht, ob die Firma Saturn die Rechnung schon bezahlt hat. Die Firma Saturn hat die Rechnung noch nicht bezahlt.

A27 (Beispielsätze) 1. Ich glaube nicht, dass sie heute noch mal ins Büro kommt. 2. Ich glaube nicht, dass es hier in der Nähe ein Restaurant gibt. 3. Ich glaube nicht, dass es auf dieser Etage ein Faxgerät gibt. 4. Ich weiß, dass die Besprechung morgen stattfindet. 5. Ich weiß, dass das Bild echt ist. 6. Ich weiß, dass es noch freie Stellen gibt.

A28 a) 2. d 3. a 4. f 5. c 6. b 7. h 8. g
b) (Beispielsätze) Wissen Sie vielleicht, wann die Besprechung anfängt? Können Sie mir sagen, ob Frau Kümmel die Offerte schon geschrieben hat? Wissen Sie vielleicht, wo der Brief liegt? Können Sie mir sagen, wo die Kollegen aus der Verwaltung sind?

A29 b) 1. die Bestellung 2. die Lieferung 3. das Angebot 4. die Bezahlung 5. die Annahme 6. die Bestätigung 7. die Ablehnung

A30 1. Vielen Dank für Ihr Schreiben vom … 2. Wir haben Ihr Angebot geprüft. 3. Wir möchten hiermit folgende Bestellung aufgeben … 4. Die Lieferung erwarten wir bis zum … 5. Wir bitten um eine Bestätigung des Auftrags.

B5 1. richtig 2. richtig 3. falsch 4. falsch 5. richtig

B6 1. c 2. e 3. a 4. b 5. f 6. g 7. h 8. d

C1 **Tage:** Montag – Dienstag – Mittwoch – Donnerstag – Freitag – Samstag – Sonntag
Monate: Januar – Februar – März – April – Mai – Juni – Juli – August – September – Oktober – November – Dezember
Jahreszeiten: Frühling – Sommer – Herbst – Winter

C2 1. (um) 2. am 3. am 4. im 5. – 6. am 7. (um) 8. am 9. im 10. am 11. im 12. am 13. im 14. am 15. am

C3 a) 1. am ersten Januar 2. am siebten April 3. am achtundzwanzigsten August 4. am dreizehnten Juli 5. am neunten Februar 6. am vierundzwanzigsten Dezember 7. am dritten Oktober 8. am elften November 9. am achtzehnten Juni
b) 1. vom ersten Mai bis zum fünfzehnten Mai 2. vom ersten November bis zum dreiundzwanzigsten Dezember 3. vom zweiten Juni bis zum fünften Juli 4. vom sechsten Februar bis zum achtundzwanzigsten Februar 5. vom vierten September bis zum dreißigsten Oktober 6. vom dritten Januar bis zum siebzehnten April

C4 1. Ich hätte am Freitagnachmittag um 15.00 Uhr Zeit. 2. Ich fahre im Winter wieder nach Österreich. 3. Ich habe von 2015 bis 2019 bei Bosch gearbeitet. 4. Ich studiere seit Oktober in Frankfurt. 5. Ich habe von Mai 2018 bis Juni 2020 in Dresden gewohnt. 6. Ich spiele am Sonntag wieder Fußball. 7. Ich besuche Tante Annelies am Wochenende. 8. Die Besprechung ist in/vor/nach der Mittagspause.

C5 1. Könnte ich mir mal kurz Ihren Stift leihen? 2. Hätten Sie am Montag Zeit? 3. Könnte ich den Brief mal sehen? 4. Ich hätte gern ein Schnitzel mit Gemüse. 5. Hätten Sie ein Glas Wasser für mich? 6. Könnten Sie mir sagen, wo die Besprechung stattfindet? 7. Frau Krumm, würden Sie bitte das Protokoll schreiben? 8. Könnte ich den Termin noch ändern? 9. Könnten Sie ein bisschen lauter sprechen? 10. Ich würde Ihnen gern mal etwas zeigen. 11. Könnten Sie das bis morgen machen? 12. Hätten Sie noch einen Termin für mich frei? 13. Könnte ich mal Ihr Telefon benutzen?

C6 (Beispielsätze) 1. Könntest/Würdest du mir heute dein Auto leihen? 2. Könntest/Würdest du die Dokumente für mich kopieren? 3. Hättest du noch einen Kaffee für mich? 4. Könntest/Würdest du bitte ein bisschen lauter sprechen? 5. Könnte ich bitte Herrn Klein sprechen? 6. Könntest/Würdest du für heute Abend einen Tisch reservieren? 7. Könntest/Würdest du mich mit dem Auto mitnehmen? 8. Würdest du bitte das Protokoll schreiben?

C7 1. mich 2. mir 3. mir 4. ich 5. mir 6. mich 7. mich 8. mir 9. mir 10. mich 11. mich 12. mir 13. mich 14. mir

C8 1. die Ferien/das Wochenende 2. die Arbeit/den Brief von ihrem Freund 3. die Arbeitszeit/das Essen 4. der Firma VASA/dem Hausmeister 5. das Protokoll/eine (die) Antwort 6. den Anruf/die Blumen 7. den Praktikumsplatz/die Stelle 8. der Besprechung/der Feier 9. die Verspätung/den Fehler 10. die Preise/die Arbeitszeit 11. den Termin/das neue (ein neues) Produkt 12. der Verwaltung/dem Chef

C9 1. bei, nach den 2. für das 3. zu den 4. um die 5. für die 6. über die 7. an der 8. über die 9. zur (zu der) 10. mit ihrem 11. an das 12. auf den 13. über diese

C10 1. Ich interessiere mich für Kunst. 2. Ich habe mit Frau König telefoniert. 3. Ich habe mich gestern über das Computerprogramm geärgert. 4. Ich freue mich auf den Urlaub 5. Ich habe in der Mittagspause mit dem Direktor geredet. 6. Ich habe mich für das Geschenk bedankt. 7. Ich habe mich bei der Rezeptionistin entschuldigt. 8. Ich habe mich über das Essen in der Kantine beschwert. 9. Ich warte auf meinen Mitarbeiter.

C12 1. Bei wem hat sich Paul entschuldigt? 2. Mit wem hast du/haben Sie telefoniert? 3. Wofür habt ihr euch/haben Sie sich bedankt? 4. Wovon träumst du/träumen Sie? 5. Wofür interessiert sich Cornelia? 6. Für wen interessiert sich Max? 7. Worüber ärgerst du dich/ärgern Sie sich? 8. Worum geht es? 9. Woran erinnerst du dich/erinnern Sie sich gern? 10. Worüber habt ihr/haben Sie gesprochen?

C13 Ich kann Ihnen leider nicht sagen, …/Ich weiß leider auch nicht, … 1. wo das Protokoll der letzten Besprechung ist. 2. was die Praktikantin gerade macht. 3. wann die Produktpräsentation anfängt. 4. ob Friedrich den Fehler in der Tabelle schon gefunden hat. 5. ob sich Herr Schneider gut vorbereitet hat. 6. was die Verkaufsergebnisse des letzten Jahres sind. 7. wer Ihnen diesen Brief aus China übersetzen kann. 8. wer von der Firma Bosch kommt.

C14 Wussten Sie schon, … 1. dass Frau Kummer gekündigt hat? 2. dass wir eine neue Praktikantin haben? 3. dass Frau Schulze nächste Woche heiratet? 4. dass die Preise steigen? 5. dass die Verwaltung neue Computer bestellt hat? 6. dass Karl morgen den Computer vom Chef neu einrichten muss? 7. dass Frau Kegel eine Dienstreise nach London machen will? 8. dass Frau Schön in ihrer Arbeitszeit beim Friseur war? 9. dass der Hausmeister eine neue Freundin hat? 10. dass wir ab Januar länger arbeiten sollen? 11. dass die Sekretärin die Bestellung noch nicht abgeschickt hat? 12. dass man in der Bibliothek auch DVDs ausleihen kann? 13. dass man sich das neue Software-Programm aus dem Internet herunterladen kann?

Textquellen:

S. 21, B1 Inf. aus: In welche Berufe vertrauen die Österreicher am meisten? kurier.at, 10.3.2016. [https://kurier.at/wirtschaft/in-welche-berufe-vertrauen-die-oesterreicher-am-meisten/186.115.809]

S. 22, B1 Inf. aus: Die beliebtesten Studiengänge in Deutschland. Statista, 28.3.2019. [https://de.statista.com/infografik/9140/beliebteste-studiengaenge-in-deutschland/]

S. 37, A4 Inf. aus: Beliebteste Freizeitbeschäftigungen in Deutschland. Statista, 3.3.2021 [https://de.statista.com/statistik/daten/studie/171601/umfrage/mehrmals-pro-monat-ausgeuebte-freizeitaktivitaeten/]

S. 68, A2 Inf. aus: Wofür die Deutschen ihr Geld ausgeben. Statista, 13.12.2018 [https://de.statista.com/infografik/16416/durchschnittliche-hoehe-der-konsumausgaben-privater-haushalte-je-posten/]

S. 80, A29 Inf. aus: Höchste Einzelgewinnsummen im Lotto 6 aus 49. Statista, 6.7.2021 [https://de.statista.com/statistik/daten/studie/37849/umfrage/hoechste-gewinn-summen-im-lotto-jackpot/]

S. 85, B4 Inf. aus: Ranking der teuersten Städte weltweit nach Lebenshaltungskosten. Statista, 16.6.2021 [https://de.statista.com/statistik/daten/studie/867366/umfrage/ranking-der-teuersten-staedte-weltweit-nach-lebenshaltungskosten/#professional]; Die 25 lebenswertesten Städte der Welt. travelbook.de, 14.3.2019 [https://www.travelbook.de/news/top-news/mercer-studie-die-lebenswertesten-staedte-der-welt]

S. 116, B1 Inf. aus: Welche Kriterien bei der Wahl des Arbeitsplatzes wichtig sind. absolventa.de, 2021 [https://www.absolventa.de/karriereguide/arbeit-und-alltag/kriterien-guter-arbeitsplatz]

Bildquellen:

© **stock.adobe.com:** BalanceFormCreative (Cover); S. 7 Monkey Business (1), zephyr_p (2), auremar (3), StratfordProductions (4); S. 8 BillionPhotos.com (1), Cookie Studio (2); S. 9 Rawpixel.com; S. 12 Mangostar; S. 13 photology1971; S. 14 darkbird; S. 15 yanlev; S. 17 ldprod; S. 18 Seventyfour; S. 20 artmim; S. 23 pix4U; S. 24 marjan4782; S. 28 Robert Kneschke; S. 35 Jacob Lund (2); S. 41 Kavalenkava; S. 43 photo 5000; S. 45 Tyler Olson; S. 47 fotomek (1), Boris Franz (7); S. 48 alipko; S. 52 ysbrandcosijn; S. 56 hedgehog94 (1); S. 60 EdNurg (1); S. 62 fizkes; S. 63 auremar; S. 67 rh2010 (1), puhhha (2); S. 68 Wolfilser; S. 69 Gina Sanders; S. 71 undrey; S. 72 Ihor; S. 73 Tryfonov (2), berkut_34 (4), sdecoret (6); S. 77 HD92; S. 79 F8studio; S. 80 vectorfusionart (1), smuki (2); S. 82 Alfons Ven; S. 83 by-studio (1), Robert Kneschke (2); S. 84 alexandro900 (1), CandyBox Images (2); S. 85 eyetronic; S. 86 Samuel B (3); S. 87 Hryhorii (1), Robert Kneschke (2); S. 97 Robert Kneschke (1), Andrey Popov (2), BalanceFormCreative (3); S. 98 alfa27; S. 100 Elnur; S. 103 goodluz (1), Rido (2); S. 105 bernardbodo; S. 106 Mangostar; S. 108 pixelrobot; S. 109 Tyler Olson; S. 110 JenkoAtaman (1), Minerva Studio (2); S. 112 lightpoet; S. 114 sabinaleopa; S. 116 ASDF (1), 9dreamstudio (2); S. 118 Bojan; S. 124 Wayhome Studio (1), guruXOX (2)

© **pa picture alliance:** S. 60 AP Photo | Charles Krupa

© **pixabay.com:** S. 16 Igor Link; S. 35 Pexels (1), StockSnap (3); S. 50 bluebudgie (1); S. 56 myimmo (2); S. 59 randomwinner; S. 67 Tanja-Denise Schantz (3); S. 73 Bruno Germany (1), Marisa_Sias (3), markusspiske (5); S. 86 Leonhard Niederwimmer (1), Eliane Meyer (2); S. 120 maxmann

© **Wikipedia/Wikimedia:** S. 39 Markus Brandhuber; S. 40 Otto Erich; S. 50 (2); S. 89

Zeichnungen: Jean-Marc Deltorn

Notizen